Jan Niecisaw Baudouin de Courtenay

Versuch einer Theorie phonetischer Alternationen

Ein Kapitel aus der Psychophonetik

Jan Niecisaw Baudouin de Courtenay

Versuch einer Theorie phonetischer Alternationen
Ein Kapitel aus der Psychophonetik

ISBN/EAN: 9783743413146

Hergestellt in Europa, USA, Kanada, Australien, Japan

Cover: Foto ©Andreas Hilbeck / pixelio.de

Manufactured and distributed by brebook publishing software
(www.brebook.com)

Jan Niecisaw Baudouin de Courtenay

Versuch einer Theorie phonetischer Alternationen

VERSUCH EINER THEORIE

PHONETISCHER ALTERNATIONEN.

EIN CAPITEL AUS DER PSYCHOPHONETIK.

Von

J. Baudouin de Courtenay.

STRASSBURG.

COMMISSIONSVERLAG VON KARL J. TRÜBNER.

1895.

Krakau (Kraków). Universitäts-Buchdruckerei. Geschäftsleiter A. M. Kosterkiewicz.

VORWORT.

In dem XX. Bande der von der Krakauer Akademie der Wissenschaften herausgegebenen *Rozprawy Wydziału filologicznego* (Abhandlungen der philologischen Classe), 1894, gr. 8°, S. 219—364, habe ich eine grössere Arbeit. *Próba teorji alternacyj fonetycznych* (auch als Sonderabdruck erschienen), veröffentlicht. Dem Reglement gemäss, sollte ich auch einen kurzen, deutsch oder französisch verfassten, Auszug für den *Anzeiger* (*respective* *Bulletin*) der Akademie liefern. Da es mir aber notwendig schien, auch die Einzelheiten der Darstellung und den Gang meiner Beweisführung, insbesondere aber die von mir aufgestellten Formeln, den des Polnischen nicht mächtigen Fachgenossen zugänglich zu machen, so musste ich den maximalen Umfang eines solchen Résumé's bei weitem überschreiten und anstatt eines kurzen Referats eigentlich eine ausführliche deutsche Bearbeitung desselben Stoffes geben. Dessenungeachtet wurde mein ganzes Manuscript Anfang Juli 1894 von der Redaction des *Anzeigers* anstandslos angenommen, auf Anordnung derselben bis zu Ende gesetzt, und von mir, unter liebenswürdiger Mitwirkung des Herrn Cand. Mag. St. Rosznecki. sorgfältig corrigiert; dann wurde beinahe die Hälfte des Satzes mit der Pagination und mit den Überschriften des *Anzeigers* versehen und meine deutsche Orthographie geändert und derjenigen des »Anzeigers« ähnlich gemacht. Auf einmal aber wurde mir Ende October gesagt, dass eine solche umfangreiche Abhandlung in den »Anzeiger« (dessen einzelnes Heft vier Druckbogen unter keiner Bedingung überschreiten dürfe und nur 40 Kreuzer kostet) aufzunehmen geradezu unmöglich sei. Und es ist wirklich ein »Anzeiger« für eine Abhandlung, die so viel Mühe gekostet, kein geeigneter Platz. Darum entschloss ich mich, dieselbe in der Form eines besonderen Büchleins herauszugeben, trotzdem dass damit eine mühselige, wenig erspriessliche und zeitraubende Arbeit der Umwandlung des referierenden Stils in einen direct darlegenden, der dritten Person in die erste, des Ausdrucks »der Verfasser« in »ich«, ferner der Teilung in einzelne Capitel u. s. w. verbunden war. Alles dieses musste ich an dem schon fertigen Satze durchführen.

Die Entstehungsgeschichte dieses Schriftchens erklärt uns gleichzeitig, warum ich meine Beispiele vorwiegend dem Polnischen entnehme und dieselben meist ohne Übersetzung anführe. Wenn ich meine deutsche Bearbeitung ganz unabhängig von ihrer polnischen Vorlage verfasst hätte und nicht gezwungen wäre, blos ein Anzeiger-Résumé in ein selbstständiges Werkchen umzuwandeln, würde ich mich nach einer grösseren Auswahl von Beispielen aus verschiedenen Sprachen umgesehen haben. Ich glaube aber, dass auch meine polnischen Beispiele ganz hinreichend sind und dass ein jeder im stande sein wird, die allgemeinen Gesichtspunkte meiner Arbeit an jeder anderen beliebigen Sprache zu prüfen.

Der Zusatz zum Titel, »*Ein Capitel aus der Psychophonetik*«, klingt etwas prätentiös; ich wollte aber damit nur zeigen, dass ich mich zu derjenigen Richtung in der Sprachwissenschaft bekenne, welche in allen sprachlichen Erscheinungen in erster Reihe den psychischen Factor erblickt.

Einem Anfänger oder auch sonst einem an ähnliche Auseinandersetzungen nicht gewohnten Leser würde ich raten, dieses Büchlein nicht von Anfang bis ans Ende ohne Unterbrechung, sondern vielmehr in folgender Reihenfolge durchzunehmen: Nach der »Erklärung und Definition einiger *termini technici*« und »Erklärung von Zeichen und Abkürzungen« (S. 9—10) gleich das Capitel I. (S. 11—22) aufmerksam durchzulesen, dann das Capitel II. bei Seite zu lassen und zum Capitel III. (S. 42 ff.) direct überzugehen und nach ihm vier folgende Capitel, IV—VII. (S. 52—88), nacheinander durchzuarbeiten. Nach dem Capitel VII. wolle man sich mit der Einleitung (S. 1—9), nach derselben mit dem Capitel II. (S. 22—42) und schliesslich mit dem Capitel VIII. (S. 89—122) bekannt machen.

J. B. de C.

Krakau (Kraków), im Januar 1895.

EINLEITUNG.

Vorderhand gebe ich nur den ersten Teil meiner Arbeit. Der andere Teil soll umfassen: 1) eine Analyse der Bedingungen, in welchen Alternationen enstehen, 2) eine Classification der Alternationen, ebensowohl zur Zeit ihrer Entstehung, wie auch 3) während ihres Weiterbestehens, wo sie sich blos auf dem Wege der Überlieferung und des sprachlich-socialen Verkehrs erhalten, 4) den Hinweis auf verschiedene Arten der Utilisation von Alternanten zu psychisch-sprachlichen Zwecken, 5) Bestimmung der Grenzen oder Limiten, zu welchen die Alternationen während ihrer Bewegung nach verschiedenen Richtungen gelangen können, 6) Analyse verschiedener Alternationsschichten, 7) Darstellung der Correspondenzen (Entsprechungen) von Alternationen, d. h. derjenigen Alternationen, welche sich in verschiedenen Sprachen gegenseitig entsprechen. Ausserdem beabsichtige ich: 1) die Alternationen des Altindischen, 2) diejenigen Alternationen der arioeuropäischen (indogermanischen) Sprachen, welche ihren Ursprung dem gemeinsamen arioeurop. Zustande verdanken, 3) die allen slavischen Sprachen gemeinsamen Alternationen besonders darzustellen.

1

Die etymologische Verwandtschaft der Sprachlaute wurde schon seit lange her. etwa seit der Zeit bemerkt, als man begann. sich mit den grammatischen. vorzugsweise aber mit den phonetischen Fragen ernsthaft zu beschäftigen.

Am höchsten haben sich hier die indischen Grammatiker erhoben. indem sie eine höchst feine Lehre einerseits über „S a n d h i - Gesetze“. anderseits aber über „G u ṇ a -“ und „V r d d h i -“ entwickelten. Es gebrach aber den indischen Grammatikern am historischen Sinne , so dass sie weder die stufenweise Entwickelung. noch das historische Nacheinander, noch schliesslich die Chronologie im allgemeinen verstehen konnten. Infolge dessen liegen die von ihnen gewonnenen Resultate. so zu sagen. auf einer einzigen zeitlichen Fläche: alles geschieht dort gleichzeitig, als ob es weder Vergangenheit, noch Gegenwart. noch Zukunft gäbe. Daher auch dieser rein mechanische Charakter grammatischer Regeln: wir finden dort ausgezeichnete Recepte für Bildung von allerlei grammatischen Formen, würden aber umsonst eine rein wissenschaftliche Erklärung über Art und Weise der Entstehung dieser Formen suchen.

Die Begriffe G u ṇ a - und V r d d h i - sind in die europäische Grammatik unter dem Namen A b l a u t, L a u t s t e i g e r u n g od. ähnl. übergegangen, die Lehre von den phonetischen Veränderungen aber erreichte heutzutage eine hohe Stufe der Vervollkommnung. Obwohl die europäischen Sprachforscher von den Ansichten der indischen sehr abhängig sind, übertreffen sie doch dieselben dadurch, dass sie erstens in ihre Forschungen den Begriff der Chronologie eingeführt haben und ihn mehr oder weniger geschickt anwenden, zweitens aber dass sie ihre Schlüsse auf eine viel breitere, „vergleichende“ Grundlage stützen, indem sie ihren Stoff aus dem Gebiete vieler, nicht nur historisch verwandten, sondern auch einander fremden Sprachen schöpfen.

Nach den Resultaten der neuesten Lautlehre wird das Verhältnis (die Beziehung) zwischen zwei verschiedenen, aber

etymologisch verwandten Lauten in ganz umgekehrter Ord-
nung aufgefasst, als es nach der Meinung früherer Sprachforscher der Fall war: Dasjenige, was früher als das ursprüngliche galt, zeigte sich als das abgeleitete (secundäre), und umgekehrt. Ein besonders charakteristisches Beispiel dieser Veränderung der Anschauungen bildet die Beseitigung aus der Wissen-
schaft der sogenannten „Vocalsteigerung" und das Ersetzen derselben durch das Verhältnis, welches in einer Schwächung des
stärkeren phonetischen Gebildes und im Schwunde eines gewissen Teiles desselben besteht (F. de Saussure, Brugmann, Osthoff, Hübschmann und viele andere).

Aber selbst in den neuesten sprachwissenschaftlichen
Werken werden die Alternationen als solche nur mittelbar
behandelt, denn auf dem ersten Plane steht ja noch immer
die Bestimmung phonetischer Veränderungen und die Feststellung der historischen Priorität oder der Abgeleitheit des
betreffenden Sprachlautes. Ja noch mehr, es wird in diesen
Werken der Begriff selbst der Alternation oder des Nebeneinanders nicht genügend berücksichtigt. Eine der Arbeiten,
welche sich dem in der vorliegenden Abhandlung entwickelten Begriffe der Alternation wohl am meisten nähern, da sie
vor allem die Thatsache der Alternation selbst constatieren, ist,
wie es scheint, *Der Ablaut der Wurzelsilben im Litauischen*
von August Leskien. Leipzig 1884. Der Ausdruck „Alternation" aber, und zwar in dem von mir angenommenen Sinne,
kommt hie und da in modernen sprachwissenschaftlichen Werken vor. So spricht z. B. de Saussure (*Mémoire sur le
système primitif des voyelles dans les langues indoeuropéen-
nes*, Leipsick 1879, pg. 12): „Les langues italiques ont trop unifor-
misé la flexion verbale pour qu'on puisse s'attendre à retrou-
ver chez elles l'alternance des formes faibles et des formes
fortes".

Zu dem in der vorliegenden Abhandlung entwickelten Begriffe der Alternation bin ich schon vor mehr als achtzehn
Jahren gekommen, nämlich zur Zeit, als ich meine Vorlesungen
über einzelne Parteien der vergleichenden Grammatik und der

allgemeinen Sprachwissenschaft an der Universität Kasan und
an der dortigen Geistlichen Akademie eröffnete.

Die in den damals vorhandenen linguistischen Werken
übliche Behandlung phonetischer Unterschiede, welche in einem notwendigen Heraussuchen der „Übergänge" eines Sprachlautes in einen anderen, vor allem aber in der Feststellung
der „Lautgesetze" u. s. w. bestand, befriedigte mich nicht;
denn ich sah darin einerseits eine mangelhafte Berücksichti-
gung der Chronologie oder der Reihenfolge historischer Schich-
ten, andererseits aber eine ungenaue Formulierung der Thatsache selbst. Eine solche Thatsache aber ist in erster Reihe
das N e b e n e i n a n d e r phonetisch verschiedener, aber etymologisch verwandter Sprachlaute; und erst nach der Feststellung der Thatsache soll man sich bemühen, ihre Ursache
zu entdecken.

Meine damaligen hierhergehörigen Ansichten habe ich
u. a. in „Подробная программа лекцій в 1876—1877 уч.
году. Казань, Варшава, 1878", pg. 56—61, 62—63, 85, in
„Подробная программа лекцій в 1877 — 1878 уч. году.
Казань, Варшава, 1881". pg. 85, 86—88, 105—106, 145",
и „Изъ лекцій по латинской фонетикѣ. Воронежъ, 1893"
und sogar noch viel früher, in „Wechsel des s (š, ś) mit ch
in der polnischen Sprache" (Beiträge zur vergl. Sprachforsch.
von Kuhn. VI. 221—222) (wo schon im J. 1868 diese Alternation s ch „consonantische steigerung, welche zur differenzierung der bedeutung benutzt wird" genannt wird), ausgesprochen oder blos in aller Kürze angedeutet. Meine diesbezügli-
chen Begriffe läuterten sich und präcisierten sich stufenweise.
In meinen russischen Vorlesungen wandte ich das russ. Wort
„чередованіе" (etwa A b w e c h s l u n g) zur Bezeichnung des
Nebeneinanders in einer und derselben Sprache phonetisch verschiedener und doch etymologisch verwandter Laute an.

Einer von meinen Kasaner Schülern, N. K r u s z e w-
s k i, welcher in seiner Habilitationsschrift „Наблюденія над
нѣкоторыми фонетическими явленіями, связанными с акцен-
туаціей. Казань, 1879" das in dem Rig-Veda vorkommende

Material zur Lehre über die durch den Einfluss der Accents hervorgerufenen Alternationen zusammengestellt hatte, gewann eine klare und selbstständige Ansicht über ähnliche phonetische Erscheinungen und stellte dieselbe in der Einleitung zu seiner Magisterschrift „К вопросу о гунѣ. Изслѣдованіе в области старославянскаго вокализма. Ос. отт. из „Русск. Филологическаго Вѣстника." Варшава. 1881", wie auch in der deutschen Bearbeitung dieser Einleitung. „Ueber die Lautabwechslung. Kasan 1881"[1]) in allgemeinen Umrissen dar.

Kruszewski entwickelte die „Theorie" der Alternationen bei weitem „philosophischer", inhaltsvoller und präciser, als ich selbst es that, und zwar hauptsächlich infolge einer strengen Anwendung der analytischen Methode; es lässt sich aber nicht leugnen, dass Kr. blos eine andere, gediegenere Form dém gegeben hat, was er von einem anderen erfahren hatte (Dieses bekannte auch Kr. selbst; s. „Ueber die Lautabwechslung" pg. 1).

An der von Kruszewski gegebenen Darstellungsweise der Alternationentheorie wäre dies und jenes auszusetzen. Trotz aller seiner Strenge und Zerlegungsmethode, liess Kr. doch manches unbeachtet, bestimmte die Grenzen zwischen den einzelnen Classen von Alternationen nicht genau genug, stellte solche angeblich charakteristischen Merkmale einzelner Classen auf, welche als charakteristisch gar nicht gelten konnten, dahingegen aber bemerkte er andere Merkmale nicht, welche, als die für die gegebene Classe am meisten charakteristischen, in erster Reihe erwähnt werden sollten. Dabei begieng Kr. hie und da einen logischen Fehler, was aber alles, angesichts der Neuheit und der Schwierigkeit des Gegenstandes, nicht Wunder nehmen darf, besonders wenn man erwägt, dass Kr. seine allgemeinen

---

[1]) Vgl. dazu die Recension von Brugmann (Literar. Centralblatt, 1882. N. 12, pg. 401), wo jedenfalls die Behauptung nicht richtig ist, dass „unter „Lautabwechslung" versteht der Verf. das, was man sonst „Lautübergang" oder „Lautwandel" nennt".

Schlüsse vorzugsweise auf die Thatsachen aus dem beschränk-
ten Gebiete phonetischer Veränderungen gestützt hatte, welche durch die Palatalisation oder „Erweichung" der Consonanten in der russischen Sprache hervorgerufen wurden.

Die Terminologie Kr.'s befriedigt nicht und kann heutzutage nicht beibehalten werden. Sonst gehören die beiden oben
erwähnten Schriften von Kruszewski, ebenso seine Magisterschrift, wie auch seine Broschüre „Ueber die Lautabwechslung", einer Zeit an, wo unter den Leuten, welche sich in
Kasan mit der Sprachwissenschaft beschäftigten, eine Nomen-
clatursucht, eine wahre Manie wütete, ganz neue und unge-
wöhnliche t e r m i n i t e c h n i c i zu erfinden. Kruszewski
wusste in seinen Werken noch ein gewisses Mass in dieser
Hinsicht zu beobachten. Ungeheuere Dimensionen erreichte diese
Krankheit in meinen eigenen „Нѣкоторые отдѣлы „сравнительной грамматики" словянских языков. Варшава
1881" (S.-A. aus dem „Русскій Филолог. Вѣстник" V. 265 —
344), wo solche *termini technici*, wie C o h a e r e n t e n,
H o m o g e n e n, H e t e r o g e n e n, M o n o g e n e n und P o-
l y g e n e n, A m o r p h i t ä t u n d s e c u n d ä r e H e t e-
r o g e n i t ä t d e r M o r p h e m e, a m o r p h e C o r r e l a-
t i v e, D i v e r g e n z u n d a n t h r o p o p h o n i s c h e Co-
h a e r e n z, b e w e g l i c h e C o r r e l a t i o n u n d m o r-
p h o l o g i s c h e C o i n c i d e n z, c o i n c i d e n t e C o r r e-
l a t i v e, c o e x i s t e n t e C o r r e l a t i v e u. ä., bei der
Lectüre dieses Schriftchens nur störend wirken können.

Aber, trotz dieser schrecklichen Anzahl von neu geschmiedeten *termini technici,* findet man auch in dieser Schrift
einen gesunden Kern. Eine der bedeutendsten Neuerun-
gen (welche aber für mich selbst nichts neues darbot, da
ich dieselbe schon seit einigen Jahren in meinen Vorlesungen
entwickelte) war der Hinweis auf die Notwendigkeit, die e i-
g e n s p r a c h i g e n A l t e r n a t i o n e n von den f r e m d-
s p r a c h i g e n zu unterscheiden. Einen gewissen methodolo-
gischen Wert hatten auch: erstens die Unterscheidung der Be-

griffe L a u t und P h o n e m [1]); zweitens, das Zusammen-
fassen der Begriffe W u r z e l , S u f f i x , P r a e f i x , E n-
d u n g u. s. w. in einem gemeinsamen Namen, M o r-
p h e m ; drittens, die Unterscheidung der stufenweisen Zer-
gliederung der menschlichen Rede vom anthropophonischen oder
physiologisch-akustischen und derjenigen vom morphologisch-
-semasiologischen Standpunkte aus; viertens, die Unterscheidung der stammhaften (primären) und abgeleiteten (secun-
dären) Alternationsglieder.

Fast gleichzeitig mit dieser Abhandlung erschien auch
meine andere Arbeit, „Отрывки изъ лекцій по фонетикѣ
и морфологіи русскаго языка, читанныхъ въ 1880—1881
акад. году въ Императ. Казанскомъ Университетѣ. Отд.
отт. изъ „Филологическихъ Записокъ“. Воронежъ, 1882“,
welche hauptsächlich einer Analyse der Divergenten der russischen Sprache gewidmet ist.

Der berühmte Orientalist, Dr. W. R a d l o f f (gegenwär-
tig Mitglied der Kais. Akademie der Wissenschaften in St.
Petersburg) ersetzt in seiner der Anwendung von Kruszewski's Auseinandersetzungen auf die türkischen Sprachen gewidmeten Abhandlung „*Die Lautalternation und ihre Bedeutung für die Sprachentwickelung, belegt durch Beispiele aus den
Türksprachen* (Abhandlungen des fünften internationalen Orien-
talisten - Congresses gehalten zu Berlin im September 1881.
Berlin 1882)“ den *terminus* „Lautabwechslung“ durch L a u t-
a l t e r n a t i o n , die Alternationen der ersten Kategorie
nennt, ebenso wie ich, L a u t - D i v e r g e n z , D i v e r g e n-
z e n , Alternationen der zweiten Kategorie, d. h., nach mei-

---

[1]) Indes unter dem Phonem verstand ich damals etwas anderes, als
ich es jetzt verstehe, und zwar verstand ich darunter diejenige Summe phonetischer Eigentümlichkeiten, welche bei den Vergleichungen, sei es im
Bereiche einer und derselben Sprache, sei es im Bereiche mehrerer verwandten Sprachen, eine unteilbare Einheit darstellt. — Der Vorschlag, den
Namen P h o n e m , im Unterschiede von L a u t , zu gebrauchen, rührt
von Kruszewski her.

ner jetzigen Terminologie traditionelle Alternationen, benennt er **Laut-Compensation**, **compensante Laute** (ein nicht ganz treffender Ausdruck), und schliesslich beschränkt er den Namen **Correlation**, **Correlative**, wie es auch ich jetzt thue, blos auf die Alternationen der dritten Kategorie.

In dem umlängst veröffentlichten Buche R. Brandt's „Лекціи по исторической грамматикѣ русскаго языка, читанныя Романомъ Брандтомъ. Выпускъ 1. Фонетика. Москва, 1892" finden wir auch ein Capitel, betitelt „Чередованіе звуковъ" (Laut-Alternation). Aber Brandt versteht unter diesem Namen augenscheinlich etwas anderes, als ich es verstand und verstehe; denn er lässt auf den ersten Plan nicht die Feststellung (Constatierung) der Thatsache des Nebeneinanders selbst hervortreten, sondern es handelt sich bei ihm um die Erklärung phonetischer Veränderungen, die er, je nach dem sie sich entweder jetzt vollziehen, oder sich in der Vergangenheit vollzogen, in „Übergänge" (переходы) und „Substitutionen" (подстановки) teilt. Prof. Brandt hat vollkommen recht, wenn er mich für eine Masse der von mir in meinem „Нѣкоторые отдѣлы сравнительной фонетики" neu geschmiedeten *termini technici* tadelt. Derselbe Tadel aber betrifft auch ihn selbst. Er hat nämlich vielleicht über hundert ganz neue grammatische *termini technici* erfunden, welche das Lesen seiner Werke und Abhandlungen ungemein erschweren, und welche vor den meinigen nur dén Vorzug haben, dass sie nicht aus dem Stoffe der lateinischen Sprache, sondern aus dem nationalen Stoffe, aus dem Stoffe der russischen Sprache selbst geschöpft wurden. Es ist aber ein sehr zweifelhafter Vorzug; denn ein lateinischer *terminus technicus* kann von allen Gelehrten Europa's und Amerika's, ohne Unterschied der Nationalität, leicht verstanden werden, während ein unter der Wirkung purificatorischer Tendenzen entstandener ausschliesslich nationaler *terminus* die Schwierigkeit gegenseitiger Verständigung nur erhöht, was ja, besonders in unseren, von den internationalen

Antipathien durch und durch durchgesickerten Zeiten. wohl nicht erwünscht sein kann.

Mein Versuch der Darstellung der Alternanten-Theorie wird vielleicht keine Anerkennung finden. Es lässt sich aber nicht leugnen, dass sich der Begriff selbst der Alternation und der Alternanten auf eine ungeheuere Masse phonetischer Thatsachen bezieht; denn es giebt wohl keinen Laut in keiner Sprache, welcher in der Sprache isolirt da stände, ohne einen anderen mit ihm alternirenden Laut, wie auch kein Wort, auf welches die Lehre von den Lautalternationen keine Anwendung fände.

Erklärung und Definition einiger termini.

Das P h o n e m = eine einheitliche, der phonetischen Welt angehörende Vorstellung, welche mittelst psychischer Verschmelzung der durch die Aussprache eines und desselben Lautes erhaltenen Eindrücke in der Seele entsteht = psychischer Aequivalent des Sprachlautes. Mit der einheitlichen Vorstellung des Phonems verknüpft sich (associirt sich) eine gewisse Summe einzelner anthropophonischer Vorstellungen, welche einerseits Articulations-Vorstellungen, d. h. Vorstellungen vollzogener oder in Vollziehung begriffener physiologischer Articulationsarbeiten, andererseits aber akustische Vorstellungen, d. h. Vorstellungen gehörter oder im Gehörtwerden begriffener Resultate jener physiologischer Arbeiten, sind.

Die P h o n e t i k , als ein Ganzes, umfasst alle phonetischen Thatsachen, ebenso anthropophonische Thatsachen, d. h. die auf unsere Sinne, auf den Gefühlsinn (bei den physiologischen Arbeiten) und auf den Gehörsinn (bei den durch diese Arbeiten hervorgerufenen Lauten), wirkenden Thatsachen, wie auch psychophonetische Thatsachen, in welchen sich anthropophonische, sinnliche Thatsachen reflectieren (wiederspiegeln). Daher zerfällt die Phonetik in zwei Teile. in einen a n t h r o p o p h o - n i s c h e n und in einen p s y c h o p h o n e t i s c h e n Teil.

M o r p h e m = jeder, mit dem selbstständigen psychischen Leben versehene und von diesem Standpunkte (d. h.
von dem Standpunkte eines selbständigen psychischen Lebens)
aus weiter unteilbare Wortteil. Dieser Begriff umfasst also:
W u r z e l (*radix*), alle möglichen A f f i x e, wie S u f f i x e,
P r a e f i x e, als Exponenten syntaktischer Beziehungen dienen-
de E n d u n g e n, u. s. w.

Erklärung von Zeichen und Abkürzungen.

$=$ . . . Gleichheit im mathematischen Sinne,

$|$ . . . neben, eins kommt neben dem anderen vor,

. . . Symbol der Alternation oder des Nebeneinanders.
Symbol der einsprachigen Entsprechung, Symbol der etymo-
logischen Verwandtschaft in den Grenzen einer und derselben
Sprache.

$\pm$ . . Symbol der Correspondenz, Symbol der mehr-
sprachigen Entsprechung, Symbol der etymologischen Verwandtschaft in verschiedenen Sprachen.

. . . . Symbol des Überganges, Symbol des Wandels:
dasjenige, dessen optische Bezeichnung an der linken Seite
dieses Symbols steht, ist in dasjenige übergegangen, dessen
optische Bezeichnung an der rechten Seite dieses Symbols
steht.

. . . umgekehrtes Symbol, Symbol der Entstehung
dessen, was in der optischen Bezeichnung an der linken Seite
dieses Zeichens steht, aus demjenigen, was in der optischen
Bezeichnung an der rechten Seite dieses Zeichens steht.

$><$ . . . Symbol des Mangels jegliches Zusammenhanges von dem bezüglichen Standpunkte aus.

$\#$ . . . Symbol des Parallelismus.

$*$ . . . vermutete, reconstruierte Form.

« » . . geleugnete, unmögliche oder erdachte Form.

I. CAPITEL.

Definition der Alternation und der Alternanten. Herleitung des Begriffs der Alternation auf etymologischem und auf phonetischem Wege. Ursprüngliche Ursache jeder Alternation.

In jeder Sprache, bei jedem sprechenden Individuum bemerken wir den teilweisen phonetischen Unterschied etymologisch identischer Morpheme. Mit anderen Worten: in jeder Sprache, bei jedem sprechenden Individuum constatieren wir den Unterschied der sich entsprechenden phonetischen Stellen oder Teile in den etymologisch verwandten Morphemen. So haben wir z. B. in den polnischen Worten m o g - ę m o ż - e s z zwei etymologisch verwandte Morpheme m o g - und m o ż -, in welchen die Phoneme *m* und *o* gleich sind, die dritten Phoneme aber, *g* und *ž*, sich phonetisch untereinander unterscheiden. Und eben solche, phonetisch verschiedene Phoneme, welche aber zum Bestandteile etymologisch verwandter, d. h. ihrem Ursprunge nach identischer, Morpheme gehören und im phonetischem Bau dieser Morpheme die sich gegenseitig entsprechenden Stellen (im gegebenen Falle z. B. die 3-e Stelle) einnehmen, nennen wir A l t e r n a n t e n und ihre gegenseitige Beziehung zu einander — A l t e r n a t i o n.

Ebenso constatieren wir in den wurzelhaften Morphemen der polnischen Worte m r ó z | m r o z - u zwei deutliche Alternationen: *u* (ó) ‖ *o* und *-s* (-z) ‖ *-z-*. An der Verbindungsstelle des wurzelhaften und des formalen Morphems in den polnischen p ł a c - i - ć | p ł a c - ę haben wir eine deutliche Alternation: *ći* ‖ *c*. In den Hauptmorphemen der deutschen l a d - e n | L a s - t, V e r - l u s - t | v e r - l o r - e n, F r o s - t frier - e n, geb - e n | g a b . . . können wir folgende deutliche Alternationen constatieren: 1) *d* ‖ *s*, *ā* ‖ *ă*, 2) *s* ‖ *r*, *ŭ* ‖ *ō*, 3) *s* ‖ *r*, *š* ‖ *ī* (ie), 4) *g* ‖ *g₁*, *e* ‖ *a*, *-b-* ‖ *-p* (b).

Streng genommen, können in allen ähnlichen Fällen als alternierende Einheiten nicht Phoneme, sondern ganze Mor-

pheme gelten, da eben nur die Morpheme semasiologisch unteilbare sprachliche Einheiten darstellen. Vom Standpunkte
also des der Sprache eigenen psychischen Lebens aus alternieren untereinander ganze Morpheme und deren Verbindungen: poln. m o g - ‖ m o ž -, m r u s ‖ m r o z -, p ł a ć - i - ‖,
p ł a c -; deutsch l ā d - ‖ l ä s -, l ū s - ‖ l ō r -, f r ö s - ‖ f r ī r -
g, e b - ‖ g a p . . . . Einen solchen phonetischen Unterschied
morphologisch verwandter Morpheme nennen wir p h o n e t i -
s c h e A l t e r n a t i o n derselben. [Daneben existiert auch semasiologische Alternation oder Bedeutungs-Alternation der
Morpheme und ganzer Worte.] Phonetische Alternation
ganzer Morpheme aber zerlegt sich in die Alternationen
einzelner Phoneme, als phonetischer Componenten derselben.

Wenn man also diesen Begriff auf Phoneme anwendet,
so werden p h o n e t i s c h e A l t e r n a n t e n oder a l t o r -
n i e r e n d e P h o n e m e diejenigen Phoneme oder L a u t e
heissen. welche, trotzdem dass sie sich untereinander phonetisch unterscheiden, doch auf eine gemeinsame historische Herkunft hinweisen oder etymologisch verwandt sind.

Mit anderen Worten: P h o n e t i s c h e A l t e r n a n -
t e n oder a l t e r n i e r e n d e P h o n e m e heissen diejenigen
Phoneme oder Laute, welche zwar verschieden ausgesprochen
werden, aber sich auf eine gemeinsame historische Quelle zurückführen lassen, d. h. von einem und demselben Phoneme
historisch herstammen.

Herleitung des Begriffs phonetischer Alternation und pho-
netischer Alternanten auf etymologischem Wege.

Die semasiologisch dominierenden Morpheme der slavi-
schen Worte poln. p r o s i - ę ! czech. p r a s - e | grruss. p ə-
r ä ś - ó n ə k (поросёнок) | klruss. p o r o ś - à (порося) | serb.
p r ä s - à e (прасац) , krain.-sloven. p r a s - e . . . . sind etymologisch verwandt, weil sie sich auf eine gemeinsame historische Quelle. * p o r s -. zurückführen lassen. Diese gemeinsame historische Quelle aber, * p o r s -, kann mit den etymo-

logisch verwandten Morphemen anderer arioeuropäischen Spra-
chen zusammengestellt werden: slav. *p o r s - | lit. p a r š - a s
| lat. p o r c - u s | germ. *f a r h -. Ebenso slav. *v e z - | poln.
w i e z i - o | czech. v e z - e | grruss. v́ e ź - ó t (вез-ёт) | klrus.
v e z - ć (вез-е) | serb. v è z - e . . . | ± lit. v e ž - ± germ.
*v i g - ± lat. v e h - ± gr. ʃεχ- ± aind. v a h -, u. a.

Alle derartigen Zusammenstellungen und Vergleichungen
der Morpheme und der diese Morpheme enthaltenden und
in verschiedenen Sprachen vorkommenden Worte beruhen
auf der Erkennung etymologischer Verwandtschaft jener
Morpheme. Die etymologische Verwandtschaft der Morpheme
aber stützt sich auf die Feststellung (Constatierung) einerseits deren semasiologischer Ähnlichkeit (Bedeutungs-Ähnlich-
keit), andererseits aber deren teilweiser phonetischer Ähnlichkeit. Die in solchen Fällen festgestellte (constatierte) phonetische Ähnlichkeit darf weder zufällig, noch willkürlich sein,
sondern muss sich in einer ganzen Reihe von Morphemen
wiederholen, welche, teilweise wenigstens, aus denselben Phonemen bestehen. So berechtigt uns z. B. zur Erkennung der
etymologischen Verwandtschaft der Hauptmorpheme der oben
genannten verschiedenslavischen Worte p r o s i - ę | p r a s - e
| p o r o ś - a . . . . . vor allem ihre semasiologische Ähnlichkeit
(— alle bedeuten «Ferkel», «Eber», «Schwein» . . . . —),
dann aber, von der phonetischen Seite aus, Wiederholung vollkommen gleicher Entsprechungen in einer ganzen Reihe von
Wörtern (p; s mit verschiedenen Nuancen; ro ± ra ± oro...).
Ebenso beruht die etymologische Zusammenstellung verschie-
densprachiger Morpheme auf dem Gebiete arioeuropäischer
Sprachen im allgemeinen (z. B. *p o r s - ± p a r š - ± p o r k -
± f a r h - . . ., *v e z - ± v e ž - ± *v i g - ± v e h - ± ʃεχ-
± v a h - . . .) einerseits auf deren semasiologischer Ähnlichkeit
und Zusammenhang, andererseits aber auf den sich in einer
ganzen Reihe etymologisch verwandter Worte regelmässig wiederholenden phonetischen Entsprechungen (p ± p ± p ± f . . . . . ;
s ± š ± k ± h . . . ., or ± ar ± or ± ar . . . .; r ± v ± v ± v

$(\mathfrak{f})\ldots\,;\ c \pm e \pm i \pm e \pm e\,(\varepsilon) \pm a\ldots,\ z \pm \check{z} \pm g \pm h \pm$
$\chi \mp h\ldots\,.$).

Auf Grund ähnlicher Zusammenstellungen und Vergleichungen sagen wir: es entspreche z. B. poln. *ro* dem czechischen und südslavischen *ra* und dem russischen *oro*; es führen uns alle diese verschiedenslavischen Verbindungen auf die
urslavische Verbindung *or;* es haben alle diese verschiedenslavischen Verbindungen, wie auch die auf Grund deren Zusammenstellung vermutete urslavische Verbindung *or*, als
Correspondenten in anderen arioeurop. Sprachen, im Baltischen
(Lito-Lettischen) und im Germanischen *ar*, im Latein. *or*...;
es entspreche slav. *s* dem lit. *š*, germ. *h*, lat. *k*, u. s. w.

Es würde aber irrig sein, wenn wir einem ähnlichen
historisch-phonetischen Schlusse eine absolute Giltigkeit zuschreiben wollten. Etymologisch verwandt sind in verschiedenen Sprachen nicht Phoneme, unabhängig von Morphemen,
sondern nur Morpheme, als einfachste, weiter unteilbare und
noch mit einem selbstständigen psychischen Leben versehene
semasiologische Teilchen der Worte. Wenn wir also von einer
Verwandtschaft des slav. *z* mit dem lit. *ž*, dem germ. *g*, dem
lat. *h*, dem griech. *χ*, dem aind. *h* reden, so denken wir dabei nicht an eine absolute Verwandtschaft dieser Phoneme, in
voller Unabhängigkeit von Morphemen, in denen sie vorkommen, sondern einzig und allein an eine relative Verwandtschaft dieser Phoneme in einer gewissen Gruppe von Morphemen (v e z -, l i z - a ć, z i m - a ...). In den Worten, wie
z ą b, z n - a ć, z i a r n o ..., hat das Phonem *z* in anderen
arioeurop. Sprachen eine andere Verwandtschaft. Ebenso slav.
s $\pm$ lit. *š* $\pm$ germ. *h* $\pm$ lat. und griech. *k* $\pm$ aind. *ç* in
*p o r s - ę (p r o s i - ę ...) u. a. ä., aber nicht in *s e d m ĭ,
s e b e, s ȳ n -, b o s - .....

Jedenfalls beruhen alle etymologischen Zusammenstellungen und Vergleichungen der zu verschiedenen Sprachen gehörenden Worte auf der Erkennung etymologischer Verwandtschaft der zu deren Bestande gehörenden Morpheme. Die etymologische Verwandtschaft der Morpheme aber zerlegt sich in

die etymologische Verwandtschaft einzelner Phoneme und deren Verbindungen.

Diese Art etymologischer Verwandtschaft, d. h. der in verschiedenen Sprachen stattfindenden Verwandtschaft, nennen wir Correspondenz oder verschiedensprachige Entsprechung. Aber neben dieser Verwandtschaft und dieser Entsprechung haben wir noch eine einsprachige Entsprechung, haben wir etymologische Verwandtschaft im Bereiche einer und derselben Sprache. Wenn verschiedene, aber ähnliche, verschiedenen Sprachen angehörende Morpheme (pros- | pras- | poros- | *pors-) | parš | pork | farh - als etymologisch verwandt erkannt wurden, so müssen wir mit noch grösserem Rechte die in derselben Sprache vorkommenden dergleichen Morpheme (z. B. mog- | mož-, rod- | rut, mroz- | mrus, plot- | pleš-....) für etymologisch verwandt erklären. Diese andere Art etymologischer Verwandtschaft, d. h. etymologischer Verwandtschaft im Bereiche einer und derselben Sprache, nennen wir Alternation, Alternation im allgemeinen, und, wenn sie sich speziell auf den phonetischen Bau der Morpheme bezieht, phonetische Alternation.

Bei der Alternation, als tautoglosser etymologischer Verwandtschaft, haben wir dieselben Träger der Sprache, haben wir dieselben Mikrokosmen als Grundlagen des sprachlichen Lebens. Die heteroglosse etymologische Verwandtschaft aber oder Correspondenz (Entsprechung) beruht eben auf der Verschiedenheit der sprachlichen Grundlage, auf der ethnologischen Verschiedenheit der Träger der Sprache, genauer gesagt, auf der Verschiedenheit der Träger einzelner Glieder correspondenzieller Beziehung.

Wie bei Correspondenzen, so auch bei Alternationen zerfällt die Entsprechung, die Übereinstimmung und die Verschiedenheit der Morpheme in die Entsprechung, Übereinstimmung und Verschiedenheit der zu deren Bestande gehörenden Phoneme [mog- ‖ mož- zerfällt in $m \parallel m$, $o \parallel o$, $g \parallel \check{z}$; mroz- ‖ mrus zerfällt in $mr \parallel mr$, $o \parallel u$, $z \parallel s$ ...].

Wie Correspondenzen, so bestehen auch Alternationen darin, dass die, sei es sich correspondierenden, sei es untereinander alternierenden, Morpheme aus einer und derselben historischen Quelle stammen.

Die bei den Correspondenzen gemachte Bemerkung, dass sich eigentlich nicht einzelne Phoneme, sondern nur Morpheme correspondieren, und dass die Correspondenz der Phoneme nur in so weit anzunehmen ist, als dieselben einen Bestandteil einer gewissen Gruppe oder eines gewissen Typus von Morphemen bilden (z. B. nicht jedes slav. *o* entspricht dem lat. *o*, sondern nur das *o* einer gewissen Art), dieselbe Bemerkung findet auch auf die Alternationen ihre volle Anwendung. So alterniert z. B. nicht jedes *ž* des Polnischen mit *g*, sondern blos das *ž*, welches zum Bestande solcher Morpheme gehört, mit denen die das *g* enthaltenden Morpheme alternieren. Wenn aber die Correspondenz der Phoneme einzig und allein von der Correspondenz der Morpheme abhängig ist, so können wir dagegen bei den Alternationen auch rein phonetische Verzweigungen eines Phonems constatieren, in voller Unabhängigkeit von deren Zugehörigkeit zum Bestande dieses oder jenes Morphems. Es sind die von mir so genannten **allgemein phonetischen Divergenten.** So z. B. polnische i_2 (y) ‖ i_1 (i) in den Verbindungen p y, b y, m y, t y, d y..., c y, d z y, s y, r y..., c z y, d ž y, s z y, ž y.... | p i, b i, m i.., ć i, d ź i, ś i, ź i..., k i, g′ i, ch′ i..., j i.. , in vollkommener Unabhängigkeit von dem semasiologischen Werte dieser Lautgruppen. Ebenso poln. e_2 ‖ e_1 (p e, b e... | p̈ e, b̈ e...), s ‖ ś (s t, s p... | ś ć, ś p...), ę ‖ eṅ ‖ em ‖ eṅ ‖ eń (ę s, ę z, ę š, ę ž, ę ch | ę t, ę d, ę c, ę d z | ę p, ę b | ę k, ę g | ę ć, ę d ż...).

Herleitung des Begriffs der Alternation auf phonetischem Wege.

Fast in allen der Betrachtung phonetischer Fragen gewidmeten Werken und Abhandlungen finden wir Auseinandersetzungen von dem „Übergange" gewisser Laute in andere,

von der „Verwandlung" (od. „Wandel") gewisser Laute in
andere u. ä. So lesen wir z. B. in polnischen Grammatiken
von einem Übergange des *k* in *cz* in den Worten p i e c z - e,
r ą c z - k a ..., gleichsam von p i o k - ę, r ę k - a ..., des
ę in *ą* in den Worten m ą ż, d ą b ..., gleichsam von m ę ż - a,
d ę b u ... Eine ähnliche Formulierung dieser Verhältnisse
ist fehlerhaft. Wer dieselbe anwendet, verwechselt eine will-
kürliche subjective Experimentierung mit den sich objectiv
vollziehenden geschichtlichen Processen.

Und wirklich können wir bei einem willkürlichen Ex-
perimentieren von einem gewissen Laute zu einem anderen
übergehen, indem wir, nach Bedürfnis, die entsprechenden
Thätigkeiten der Sprechorgane substituieren. So ist z. B.
nichts leichteres, als von *b* zu *m* zu übergehen, wenn man
nur die Nasenhöhlen mittelst Senkung des weichen Gaumens
öffnet, sonst aber die Art und Weise der Arbeit anderer Sprechorgane gar nicht ändert. Ebenso kommt man z. B. von einem
„harten" (non-palatalen) *p* zu einem „weichen" (palatalen) *p'*,
von *o* zu *u*, von *e* zu *o* u. s. w. über. Auf diese Weise, indem
wir jedesmal nur je eine Eigentümlichkeit ändern, können wir
nach und nach von *p* zu *a* fast durch alle anderen Laute übergehen: *p*—*p'*—*b'*—*b*—*m*—*n*—*d*—*z*—*ž*—*š*—*s*—*x*(ch)—*k*—*g*—
g'—*γ'*(h') [—*j*]—*i*—*e*—*o*—*u*—*y*—*a*.

Was thuen wir aber eigentlich dabei? Wir ändern stufenweise die Gruppen p h o n e t i s c h e r V o r s t e l l u n g e n
und vollziehen dieselben, d. h. üben die diesen Vorstellungen
entsprechenden physiologischen Arbeiten aus. Wir brauchen
uns aber mit dieser stufenweisen Änderung je einer phonetischen Vorstellung nicht zu genieren. Wir können z. B. gleich
nach dem Zustandebringen eines *p* uns die Thätigkeiten der
Sprechorgane vorstellen, welche die Aussprache eines *a* be-
gleiten, und, nachdem wir dazu das Streben (die Tendenz)
zur Vollziehung, zur Hervorbringung der gedachten Arbeiten
hinzufügen, dieses *a* wirklich zu stande bringen. Und dann
haben wir das Recht zu sagen: „*p* gieng in *a* über".

2

Was ist jedoch dabei eigentlich geschehen? Es fand dabei die Vertretung einer Gruppe phonetischer Vorstellungen durch eine andere statt, und die Vollziehung dieser beiden Gruppen nacheinander giebt uns ein gewisses Recht zu sagen: „*p* ging in *a* über", „*r* ging in *y* über". In der Wirklichkeit aber folgten sich nacheinander nur im Kopfe des Experimentators verschiedenartige, gleichsam in einem Kaleidoskop wechselnde Associationen von Vorstellungen. Die Aussprache der Laute nacheinander, im Einklang mit diesen Vorstellungsgruppen, begleitete diese letzteren nur zufällig oder wenigstens nicht notwendig. Also schon hier „gieng" nicht eine Aussprache in eine andere „über", sondern nur ein Gedankenbild löste ein anderes ab.

In der objectiv betrachteten und auf dem Wege historischer Entwickelung entstandenen Sprache aber sind selbst solche lautliche Veränderungen eine reine Fiction, geschweige denn Wechsel in der Art von dem „Übergange" des *k* in *cz*, *g* in *ž*, *ę* in *ą* . . . Es giebt weder Lautwechsel, noch Lautgesetze und es kann auch solche nicht geben, schon aus dem einfachen Grunde, dass die menschliche Sprache im allgemeinen und die Sprachlaute insbesondere eine ununterbrochene Dauer weder haben, noch haben können. Ein ausgesprochenes Wort oder ein ausgesprochener Satz verschwindet sofort in demselben Augenblicke, wo er ausgesprochen wurde. Zwischen einer und einer anderen, ihr folgenden, Aussprache giebt es keinen physischen Zusammenhang. Das Verbindungsglied zwischen den einzelnen Ausspracheacten, sei es eines gewissen Lautes, sei es eines phonetischen Wortes, sei es endlich einer ganzen phonetischen (d. h. gehörten und mit dem Ohre percipierten) Rede bilden dabei Vorstellungen, Erinnerungsbilder, und während der Aussprache selbst werden diese Erinnerungsbilder zum Stimulus, zum Reiz, um die Sprechorgane in angemessener Weise in Bewegung zu setzen.

Dabei sind zwei Fälle möglich: Entweder erlauben die in der Thätigkeit aussprechender Organe steckenden physiolo-

gischen Bedingungen die vom Gehirncentrum beabsichtigte
Gruppe phonatorischer Arbeiten vollkommen auszuführen, oder
die genannten physiologischen Bedingungen erlauben es nicht.
Im ersten Falle findet eine volkommene Übereinstimmung [z. B.
za, ra, ar, ła ... poln. m e c h, j a b ł o k ..., r o d u,
m r o z u, m ę ż a, w o d a ...], im anderen Falle aber eine
Collision zwischen der phonetischen Absicht (Intention) [z. B.
zła mit einem stimmhaften *z* und einsilbig, poln. r t ę ć mit
einem gewöhnlichen, stimmhaften *r*, a t r, ł k a, m e h u,
p i e k ł, j a b ł k o ...., r u d (r ó d) mit -*d*, m r u z
(m r ó z) mit -*z*, m ą ż mit *ż*, w u d - k a (w ó d k a) mit -*d*-]
und deren Ausführung statt. In diesem letzteren Falle, im Falle der Collision, zwingen uns unsere phonetischen Gewohnheiten, wie auch allgemein-menschliche Bedingungen phonetischer
Verbindungen, die Aussprache der beabsichtigten Verbindungen ein wenig zu ändern, und zwar: s t a (mit *s* anst. *z*),
r t ę ć, a t r (mit einem stimmlosen und in seiner Individualität geschwächten *r*), ł k a, m e h u, p i e k ł, j a p ł k o ...,
r u t (mit geschwächtem *t*), m r u s, m ą ś, w u t - k a ...

Ja noch mehr, selbst in c n ó t, m a t k a ... können
wir ein solches reines, unabhängiges *t*, wie in c n o t a, m a-
t e k ... keineswegs aussprechen und, dank den gegebenen
phonetischen Verbindungen und Bedingungen, substituieren wir
anstatt dessen ein anders ausgesprochenes, abgeschwächtes,
von dem Einflusse folgender Laute abhängiges *t*.

Im Gegenteil, können wir die beabsichtigten «p i e k e·
anst. p i e c z e oder «r ą k e k», «r ą k k a» anst. r ą c z e k,
r ą c z k a ausgezeichnet aussprechen, und es wird dabei kein
„Übergang" von *k* in *cz* stattfinden.

Die Nichtübereinstimmung zwischen der phonetischen Absicht und deren Vollbringung beruht auf der S u b s t i t u-
t i o n einer möglichen Thätigkeit an stelle einer beabsichtigten
unmöglichen.

Eine solche Substitution kann zweierlei sein: 1) entweder ist die Vollbringung der auf die verwandten Worte und

Formen gestützten Absicht oder Intention unmöglich, und
dann erfolgt die Substitution eines solchen möglichen Phonems,
welches zu dem beabsichtigten in Bezug auf seine phonetische
Verwandtschaft am nächsten steht [Beispiele oben]; 2) oder es
ist eine Substitution bei der Nachahmung fremder Aussprache,
d. h. wenn man dasjenige wiederholen will, was die anderen
sprechen. Dieses Letztere kommt vor: a) in der Kindersprache
und überhaupt bei der Nachahmung im Bereiche „eigener"
Sprache; b) bei der Entlehnung fremder Worte, deren Aussprache wir notwendigerweise an unsere eigenen phonetischen
Gewohnheiten accomodieren [z. B. franz. s u r, von den Polen
öfters ausgesprochen ś u r (s i u r)].

In allen diesen Fällen beruht der Wandel oder der
„Übergang" darauf, dass die Vollbringung der Absicht nicht
entspricht.

Bei der Betrachtung von Alternationen und Alternanten
findet nur die erste Art der Substitution (Nr. 1) Anwendung.

Eine solche Substitution, d. h. die Substitution der möglichen Aussprache an stelle der beabsichtigten bildet den einzigen, in der Gegenwart (Jetztzeit) der Sprache möglichen
streng phonetischen Wandel, den einzigen phonetischen „Übergang". Dasjenige aber, was man gewöhnlich phonetischen
„Wandel", „Übergang" eines Lautes in einen anderen nennt,
ist, vom objectiven Standpunkte aus, einzig und allein das
Nebeneinander oder die Alternation.

Ein solches N e b e n e i n a n d e r oder eine solche A l -
t e r n a t i o n   i s t   w e d e r   p h o n e t i s c h e r   W a n d e l   i n
d e r   J e t z t z e i t ,   n o c h   e i n   N a c h e i n a n d e r   d e r   h i -
s t o r i s c h e n   R e i h e n f o l g e.   S i e   i s t   e i n f a c h   n u r
T h a t s a c h e   d e s   p h o n e t i s c h e n   U n t e r s c h i e d e s
z w i s c h e n   d e n   e t y m o l o g i s c h   i d e n t i f i c i e r t e n
M o r p h e m e n.   Diese Thatsache aber bleibt, was ihre Ursache betrifft, vorderhand rätselhaft.

Wenn man heutzutage z. B. in den Worten p i e c z e,
r a c z k a u. ä. das ć (cz) von k herleitet, so können wir mit
gleichem Rechte fragen, warum man in p i e k ę, r ę k a nicht

umgekehrt das k auf $\acute{c}$ zurückführt. Wir constatieren zwar eine complicierte Alternation

$$c \quad k \ (g)$$
$$\acute{c}$$

in ciec, siec, móc, strzec   ciek-ę, siek-ę,   mog-ę,
                                       strzeg-ę,
                            by-ć, da-ć...;

es würde aber ein Beweis schwachen Denkens und ein historischer Fehler sein, auf Grund dessen behaupten zu wollen, es sei c in ciec, móc... aus $k\acute{c}$ (oder $g\acute{c}$) entstanden.

Mit einem Wort: p h o n e t i s c h e r   L a u t w a n d e l, s o   w i e   e r   g e w ö h n l i c h   a u f g e f a s s t   w i r d, i s t   r e i n e   F i c t i o n, ist T ä u s c h u n g; es existieren nur:

1) S u b s t i t u t i o n e n   m ö g l i c h e r   T h ä t i g k e i - t e n   a n   s t e l l e   d e r   b e a b s i c h t i g t e n, es existieren N i c h t ü b e r e i n s t i m m u n g e n   o d e r   C o l l i s i o n e n   d e r   p h o n e t i s c h e n   V o l l b r i n g u n g   m i t   d e r   p h o - n e t i s c h e n   A b s i c h t, und ausserdem

2) fertige phonetische Unterschiede oder A l t e r n a t i o - n e n   h i s t o r i s c h e r   H e r k u n f t, A l t e r n a t i o n e n   v o n   M o r p h e m e n   u n d   d e r e n   p h o n e t i s c h e n   C o m p o n e n t e n   o d e r   P h o n e m e n.

Diese beiden Thatsachen stehen in einem engen Zusammenhange miteinander. Eine rege, dynamische Substitution bedingt eine keimende, ursprüngliche phonetische Alternation; die Alternationen aber, welche heutzutage gleichsam ohne Ursache da stehen, lassen sich auf Substitutionen vergangener Zeiten zurückführen.

Ursachen der Alternationen.

Wenn wir die gegebene Sprache irgend einer Sprachgenossenschaft in ihrem zeitlichen Nacheinander als etwas Dauerndes und Ununterbrochenes betrachten, so wird sich zeigen, dass der ursprüngliche Antrieb (Impuls) zur Entstehung einer Alternation immer rein phonetischer oder rein anthropophonischer Natur war. Wenn es sich aber um eine in dieser Hinsicht gemischte Sprachgenossenschaft handelt, so müssen wir uns genauer ausdrücken. und zwar: Der erste Antrieb war wohl immer anthropophonischer Natur, aber er konnte gegeben werden: 1) entweder, wie am häufigsten, im Schosse der betreffenden Sprachgenossenschaft selbst, 2) oder, viel seltener, im Schosse einer verwandten Sprachgenossenschaft, von welcher die gegebene Sprachgenossenschaft sei es die ganze Alternation, sei es nur ein einzelnes Glied derselben entlehnt hat.

Entweder wirkt die ursprüngliche Ursache der Alternation noch in dem ins Auge gefassten, untersuchten Sprachzustande, oder sie wirkte nur in der Vergangenheit und kann blos auf Grund von Vermutungen und historischer Hypothesen entdeckt werden.

II. CAPITEL.

Classification der Alternationen und Alternanten.

I. Classificationen der Alternationen vom Standpunkte ihrer Causalität.

Als allgemeine complicierte Ursache des Entstehens und Bestehens von Alternationen ist das gesellschaftliche Leben, wie auch physische (anatomisch-physiologische) und psychische Organisation der zum Bestande der Sprachgenossenschaft gehörenden Individuen zu betrachten.

1. Classification der Alternationen vom Standpunkte der Möglichkeit, ihre anthropophonische Causalität in der gegebenen Zeit zu bestimmen.

E n t w e d e r sind alle Alternationen ohne Ausnahme Resultate lebendiger anthropophonischer Tendenzen und ausgebildeter und immer sich wiederholender anthropophonischer Gewohnheiten, oder sie sind es nicht. Von diesem Standpunkte aus zerfallen alle Alternationen in zwei grosse Classen:

1) neophonetische,

2) nicht-neophonetische oder palaeophonetische Alternationen.

Die Alternanten erster Art nennen wir D i v e r g e n t e n und ihre gegenseitige Beziehung D i v e r g e n z. diejenigen aber zweiter Art — n i c h t - D i v e r g e n t e n und ihre Beziehung — n i c h t - D i v e r g e n z.

2. C l a s s i f i c a t i o n d e r A l t e r n a t i o n e n v o m S t a n d p u n k t e d e r M ö g l i c h k e i t, i h r e p s y c h i s c h e C a u s a l i t ä t n a c h z u w e i s e n.

E n t w e d e r associieren sich verknüpfen sich) alle Alternationen ohne Ausnahme mit den Vorstellungen gewisser psychischer, sei es semasiologischer oder bedeutsamer, sei es morphologischer oder sich auf den Sprachbau beziehender, Nuancen (Schattierungen), o d e r sie associieren sich nicht. Auf dieser Unterscheidung beruht die Teilung der Alternanten in

1) p s y c h o p h o n e t i s c h e Alternanten oder C o r r e l a t i v e,

2) n i c h t - p s y c h o p h o n e t i s c h e Alternanten oder n i c h t - C o r r e l a t i v e.

Die gegenseitige Beziehung zwischen den Correlativen heisst C o r r e l a t i o n, diejenige aber zwischen den nicht-Correlativen — n i c h t - C o r r e l a t i o n.

3. D i e C l a s s i f i c a t i o n d e r A l t e r n a t i o n e n v o m S t a n d p u n k t e d e r M ö g l i c h k e i t. i h r e t r a d i t i o n e l l e u n d ü b e r h a u p t s o c i a l e C a u s a l i t ä t z u b e s t i m m e n.

E n t w e d e r bestehen alle Alternationen kraft Wiederholung und Nachahmung, also auch Überlieferung im Laufe der Generationen, o d e r sie entstehen bei Individuen unabhängig von diesem Factor.

Selbstverständlich erhalten sich alle palaeophonetischen Alternationen, so lange sie noch als Alternationen gelten können, nur auf dem Wege der Überlieferung (Tradition) von einen Gliedern der Sprachgenossenschaft zu den anderen Gliedern derselben. Folglich wurzelt die solchen Alternationen eigene Causalität im socialen Leben.

Divergenzen oder neophonetische Alternationen entstehen und erhalten sich unabhängig von der Überlieferung und vom sprachlichen Verkehr, obgleich es auch solche Divergenzen giebt, deren anthropophonischer Zusammenhang mit den Bedingungen, von denen sie abhängen, gerade durch den Factor der Überlieferung und des sprachlichen Verkehrs unterstützt wird.

Endlich erhält jedes Individuum Correlationen oder psychophonetische Alternationen vor allem auf dem Wege der Überlieferung und des sprachlichen Verkehrs, aber, nachdem es dieselben mit gewissen psychischen Unterschieden endgiltig verknüpft hat, emancipiert es sie von dem Einflusse dieses socialen Factors.

4. Classification der Alternationen vom Standpunkte der Eigensprachigkeit (Autoglossität) oder Fremdsprachigkeit ihrer Quelle.

Entweder haben alle Alternationen ihre Quelle in der ununterbrochenen historischen Fortdauer der betreffenden Sprache, oder sie entstanden durch Entlehnung aus einer fremden, nahe verwandten Sprache. Mit anderen Worten: Die gegenwärtige oder frühere Ursache der Entstehung gewisser Alternanten steckt entweder im Leben der betreffenden Sprachgenossenschaft selbst, oder in ihren Beziehungen zu den sprachlich verwandten Genossenschaften oder Literaturen.

Divergenzen können immer nur beimischer Herkunft sein, denn ihr Unterschied hängt von der Aussprache durch dieselben Individuen ab. Bei den traditionellen oder selbst bei den psychophonetischen Alternationen (Correlationen) aber ist im

Gegenteil die Fremdsprachigkeit ihrer Herkunft möglich [poln. *h ‖ z* in b ł a h y | b ł a z e n czechischer Herkunft; russ. *er ra* in смердѣть | смрадъ kirchenslav. Herkunft].

Vom Standpunkte der Jetztzeit der gegebenen Sprache sind alle Alternationen selbstverständlich heimisch, eigensprachig. Als fremdsprachig können sie nur dann betrachtet werden, wenn wir nach ihrer Urquelle fragen.

Die Alternationen mit fremdsprachiger Quelle können f r e m d s p r a c h i g sein: *a*) entweder v o l l s t ä n d i g, *b*) oder nur zur H ä l f t e [z. B poln. *g ‖ h* in g a r d z i ć | h a r d y, g a n i ć | h a ń b a; russ. *olo ‖ la* in голова | глава].

Mit Rücksicht auf ihre Herkunft, können Alternationen erster Art fremde e i n s p r a c h i g e. diejenigen zweiter Art aber — f r e m d - h e i m i s c h e z w e i s p r a c h i g e genannt werden.

5. C l a s s i f i c a t i o n d e r A l t e r n a t i o n e n v o m S t a n d - p u n k t e d e s U n t e r s c h i e d e s z w i s c h e n d e r i n - d i v i d u e l l e n u n d s o c i a l e n C a u s a l i t ä t.

Den Divergenzen und Correlationen ist eigentlich eine individuelle oder höchstens collectiv-individuelle Causalität eigen, den traditionellen oder palaeophonetischen Alternationen aber — einzig und allein sociale Causalität.

Divergenzen haben individuelle oder collectiv-individuelle Ursachen anthropophonischer Natur.

Correlationen haben individuelle oder collectiv-individuelle Ursachen psychischer Natur.

Wenn die eigensprachigen traditionellen Alternationen auf die dem Bereiche des socialen Lebens gehörende Causalität zurückgeführt werden müssen, so ist um desto mehr den fremdsprachigen Alternationen, zur Zeit ihrer Entstehung. die sociale Causalität zuzuschreiben; und es umfasst dabei dieser sociale Factor nicht eine, sondern zwei Sprachgenossenschaften.

6. Classification der Alternationen vom Standpunkte der Einfachheit oder Compliciertheit der ihnen eigenen Causalität.

a) Alle Alternationen können entweder eine oder zwei Ursachen haben.

Blos eine Ursache haben:

diejenigen Divergenzen, welche von der Tradition nicht unterstützt werden,

traditionelle Alternationen, welche weder Divergenzen. noch Correlationen sind.

Es können zwei Ursachen gleichzeitig haben:

diejenigen Divergenzen, welche nicht nur von anthropophonischen Bedingungen, sondern auch vom sprachlichen Verkehr abhängig sind. d. h. diejenigen Divergenzen, welche das Uebergangsstadium von den Divergenzen im strengen Sinne des Wortes zu den traditionellen Alternationen bilden;

traditionelle Alternationen, welche gleichzeitig Correlationen oder psychophonetische Alternationen sind.

Unmöglich ist die Verbindung der divergenzionellen oder neophonetischen mit der correlativischen oder psychophonetischen Causalität.

Die Verschiebung der Ursachen oder die Änderung der Causalität in dem historischen Nacheinander kommt vor:

bei dem Übergange der Divergenzen in den Zustand der traditionellen Alternationen,

bei dem Übergange der fremdsprachigen Alternationen in die Kategorie der traditionellen Alternationen,

bei dem Übergange der traditionellen Alternationen in den Zustand der Correlationen oder psychophonetischen Alternationen,

bei dem Übergange der Correlationen in den Zustand der traditionellen Alternationen.

b) Bei gewissen Alternationen muss die Causalität entweder einfach oder zusammengesetzt (compliciert) sein.

Es müssen nur eine Ursache haben:

reine D i v e r g e n z e n oder ausschliesslich neophonetische, von dem Einflusse der Tradition und des sprachlichen
Verkehrs im allgemeinen freie Alternationen.

rein t r a d i t i o n e l l e A l t e r n a t i o n e n.

Auf zwei Ursachen müssen C o r r e l a t i o n e n zurückgeführt werden, welche einerseits von der Tradition, andererseits aber von dem individuell entwickelten psychophonetischen
Zusammenhange abhängig sind.

II. Classificationen der Alternationen vom Standpunkte des Zusammenstosses oder der Collision verschiedener Strebungen (Tendenzen).

1. C o l l i s i o n d e r T r a d i t i o n m i t d e n i n d i v i d u-e l l e n B e d ü r f n i s s e n u n d S t r e b u n g e n.

Eine solche Collision ist bei denjenigen traditionellen
Alternationen notwendig, welche nicht gleichzeitig Correlationen sind. Bei den Correlationen aber ist eine solche Collision
unmöglich.

Es liegt in der Natur der Sache, dass fertige Divergenzen jede Möglichkeit einer Collision zwischen den individuellen Bedürfnissen und Strebungen und zwischen der Tradition
ausschliessen. Jedoch zur Zeit des Keimens der Divergenzen
findet eine solche Collision statt, und die endgiltige Befestigung der betreffenden Divergenz ist eben der unbewusst da-
vongetragene Sieg individueller Strebungen im Bereiche der
Sprachperipherien über die Tradition und über den Factor
des sprachlichen Verkehrs im allgemeinen.

Es sind aber solche Divergenzen möglich, bei denen
individuelle Tendenzen nicht nur der Tradition nicht wider-
sprechen, was sonst selbstverständlich ist, sondern, im Gegenteil, von derselben unterstützt werden (z. B. $s \parallel \acute{s}$ in poln.
k o s t k a ╷ k o ś ć). Dieses ist eben jener Übergangszustand
von der Divergenz im strengen Sinne des Wortes zu einer

solchen traditionellen Alternation, welche mit der Zeit zu
der eben berührten Collision Anlass giebt.

Auf dem Gebiete traditioneller Alternationen unterstützt
die Tradition die Complicirtheit der Erscheinungen und belastet
das Gedächtnis, während aber die individuellen Strebungen
die Complication vereinfachen und die Arbeit desselben (des
Gedächtnisses) erleichtern.

Im Gegenteil wird bei der Entstehung der Divergenten
die Einfachheit und Einheitlichkeit von der Tradition gegeben,
die individuellen Strebungen aber veranlassen die früher unbe-
kannten Unterschiede.

Endlich gehen bei den Correlativen die Tradition und
die individuellen Strebungen Hand in Hand, es herrscht zwischen ihnen eine vollkommene Eintracht, eine vollkommene
Harmonie.

2. Eine Collision individueller anthropophonischer oder peripherisch-phonetischer mit
den individuellen central-psychischen Strebungen

muss notwendigerweise bei den Divergenten erfolgen,
deren Unterschied darin besteht, dass einer von ihnen infolge
der Unmöglichkeit der Vollbringung phonetischer Absicht sich
entwickelt. Bei anderen Arten der Alternationen aber kann
von einer ähnlichen Collision keine Rede sein.

III. Classificationen der Alternationen vom Standpunkte ihrer Genesis, vom Standpunkte ihrer Entfernung von der causalen Quelle,

wobei man, streng genommen, nicht nur klare und deutliche, sondern auch einerseits keimende (embryonale), andererseits wieder Vergangenheits-Alternationen annimmt und betrachtet. Demgemäss sind zu unterscheiden: *a*) keimende, *b*)
lebendige, *c*) erloschene Alternationen.

1. Classification der Alternationen vom Standpunkte ihrer Entfernung von der Quelle anthropophonischer Causalität.

Hier unterscheidet man folgende Entwickelungsstadien:

a) keimende, auf dem Boden individueller Strebungen entstehende,

b) sich nicht nur individuell, sondern auch gesellschaftlich (social) entwickelnde,

c) entwickelte und

d) befestigte,

e) im Beseitigtwerden begriffene und stufenweise schwindende Alternationen, Alternationen des Übergangszustandes,

f) erloschene, beseitigte Alternationen.

Die Stadien *c* und *d* werden hauptsächlich auf dem Wege der Tradition und des socialen Verkehrs im allgemeinen bewahrt; die Stadien *e* und *f* aber entstehen infolge des Zusammenstosses zwischen den individuellen und socialen Strebungen, wobei die ersten die Oberhand gewinnen.

Die Stadien *a* und *b* sind Divergenzen oder neophonetische Alternationen, *c*, *d* und *e* — traditionelle oder psychophonetische Alternationen, wobei als eine Abart des Stadiums *d* Correlationen oder psychophonetische Alternationen erscheinen. Endlich lässt sich das Stadium *f* nur vom Standpunkte der Vergangenheit unter den Begriff der Alternation subsumieren; denn in sich selber besitzt es keine Merkmale, welche dazu notwendig sind, um in einem gewissen phonetischen Unterschiede die Alternation zu erkennen.

2. Classification der Alternationen vom Standpunkte ihrer Entfernung von der Quelle psychischer Causalität.

Hier unterscheiden wir folgende Stadien:

a) Die erst zu erscheinen beginnenden Alternationen, Alternationen, welche uns den Anfang der Nutzbarmachung (Utilisation) palaeophonetischer Alternationen zur Schattierung

psychischer Unterschiede zeigen, Alternationen mit den Uran-
fängen psychophonetischer Associationen. Dieser Process der
Verknüpfung (Association) von Vorstellungen muss sich in
jedem zur gegebenen Sprachgenossenschaft gehörenden Individuum besonders vollziehen.

b. Befestigte, d. h. klare und deutliche Alternationen;

c) im Beseitigtwerden begriffene und stufenweise schwindende,

d, beseitigte Alternationen.

Die drei letzten Stadien, *b, c, d.* werden von den Alternationen unter Mitwirkung der beiden Factoren, und zwar
der individuellen Strebungen und des socialen Lebens, durchgemacht.

3. Classification der Alternationen vom Standpunkte ihrer Entfernung von der in dem Einflusse einer verwandten Sprache wurzeln-
den Quelle.

Hier werden folgende Stadien unterschieden:

a) Der Process der Entlehnung fremdsprachiger Alternationen durch einzelne Individuen der gegebenen Sprachgenossenschaft selbst;

b) eine sich ebenso individuell, wie auch auf dem Wege
des gesellschaftlichen Verkehrs vollziehende vollständige Aneignung sammt Entfernung von der eigentlichen Quelle;

c) endgiltige Befestigung fremdsprachiger Alternationen
in der betreffenden Sprache und Überlieferung derselben (dieser Alternationen) auf dem Wege der Tradition und des gesellschaftlichen Verkehrs im allgemeinen.

Die schon befestigten Alternationen dieser Kategorie unterliegen später denselben Veränderungen (Wandlungen) und
demselben Schwunde, wie die beiden anderen, oben genannten — d. h. wie die vom Standpunkte ihrer Entfernung von
der Quelle sei es anthropophonischer, sei es psychischer Causalität betrachteten — Kategorien (III. 1. und III. 2.).

Anlässlich dieser Gruppe der Classificationen (III. 1—3) sind W e n d e p u n k t e in der Sprachgeschichte hervorzuheben, welche, wie in anderen Sphären des Sprachlebens, so auch auf dem Gebiete der Alternationen zu constatieren sind. Als sichtbares Zeichen jeder solchen Veränderung in der Sprachgeschichte erscheint uns immer eine neue Gruppierung phonetischer Vorstellungen und peripherischer Arbeiten (d. h. der Arbeiten im Bereiche der äusseren Sprechorgane) sammt den akustischen Resultaten dieser Arbeiten, welche sich von den früheren mehr oder weniger unterscheiden.

Versuchen wir, die zur Entwickelung wenigstens einiger Alternationsarten führenden Veränderungen in Formeln zu fassen:

1) Die Formel für anthropophonische Veränderungen (welche als Urheber neophonetischer Alternanten oder Divergenten, in der Folge aber auch paläophonetischer oder traditioneller Alternanten, als Nachkommen jener, betrachtet werden müssen) sieht folgendermassen aus:

$$x + n\varphi,$$

wo x irgend ein Ur-Phonem,

φ eine beliebige historisch - phonetische Veränderung in einer gewissen Richtung,

n den Coefficienten dieser Veränderung bezeichnet, welcher ihre Abstufung in den Grenzen von 0 zu 1 zeigt.

n ist immer ein Bruch, und zwar ein variabler (veränderlicher) Bruch, in den Grenzen von 0 zu 1:

$$\text{Wenn} \qquad n = 0,$$
$$\text{dann} \qquad n\varphi = 0,$$
$$x + n\varphi = x,$$

d. h. es fand noch keine Veränderung statt.

$$\text{Wenn} \qquad n = 1,$$
$$\text{dann} \qquad n\varphi = \varphi,$$
$$\text{folglich} \qquad x + n\varphi = x + \varphi,$$

d. h. die in einer gewissen Richtung sich bewegende Veränderung erreichte die äusserste Grenze oder den *limes* ihres

stufenweisen Wachstums und kann in dieser Richtung nicht
mehr vorwärts gehen.

Zwischen 0 und 1 für die Grösse n, zwischen 0 und φ
für die Grösse $n\varphi$, zwischen x und $x+\varphi$ für die Grösse $x+n\varphi$
ist eine unendliche Anzahl von Übergangszuständen möglich,
welche stufenweise Steigerung und Wachstum der betreffenden Veränderung darstellen.

Um von dem Begriffe einer einfachen phonetischen Veränderung zum Begriffe der Spaltung des Phonems, welche die
Grundlage jeder Alternation bildet, zu gelangen, muss man
anstatt einer einfachen eine doppelte Grösse substituieren:

Anstatt φ substituieren wir φ', φ'', welche phonetische
Veränderungen nach verschiedenen Richtungen hin, folglich
qualitativ verschiedene Grössen bezeichnen.

Um die Orientierung zu erleichtern, bezeichnen wir den
Coefficienten n bei φ' durch n', den Coefficienten n bei φ''
aber durch n''.

Dann ergibt sich die Spaltung des x von sich selbst:
$$x+n'\varphi' = x'$$
mit den *limites* x . . . . X',
$$x+n''\varphi''=x''$$
mit den *limites* x . . . . X''.

Auf diese Weise haben wir eine fertige Alternation
$$\{x+n'\varphi'\}\ \{x+n''\varphi''\} = x'\ x''$$
mit den *limites:*

$$x \parallel x = x$$
$$X' \parallel x, \quad x \parallel X'',$$
$$X' \parallel X''.$$

Selbstverständlich findet dasjenige, was sich auf n und
$n\varphi$ im allgemeinen bezog, auch auf n', n'' und $n'\varphi'$, $n''\varphi''$ seine
volle Anwendung.

Je nach dem, welche Werte wir dem Coefficienten n in
dem einen und dem andern Falle geben, erhalten wir eine ganze

Reihe der Werte für $n'\varphi'$ und $n''\varphi''$, also auch für $x+n'\varphi'$ und für $x+n''\varphi''$, oder für x' und für x'', in folgenden *limites:*

$$n' = 0, \qquad n'\varphi' = 0, \qquad x' = x,$$
$$n'' = 0, \qquad n''\varphi'' = 0, \qquad x'' = x,$$
$$x' \parallel x'' = x \parallel x = x,$$

d. h. es hat der alternationelle Wandel noch nicht begonnen sich zu vollziehen oder er ist höchstens erst im Keimen begriffen.

$$n' = 1, \qquad n'\varphi' = \varphi', \qquad x+n'\varphi' = x+\varphi' = X',$$
$$n'' = 0, \qquad n''\varphi'' = 0, \qquad x+n''\varphi'' = x,$$
$$x' \parallel x'' = X' \parallel x,$$

d. h. ein Glied der Alternation erreichte schon in der Richtung der bezüglichen Veränderung die äusserste Grenze seiner Entwickelung, das andere Glied aber gleicht dem unveränderten Ur-Phonem.

Wir können es auch umkehren, indem wir $n'\,\varphi'\,x'$ für $n''\,\varphi''\,x''$ und $n''\,\varphi''\,x''$ für $n'\,\varphi'\,x'$ substituiren.

Endlich

$$n' = 1, \qquad n'\varphi' = \varphi', \qquad x+n'\varphi' = x+\varphi' = X',$$
$$n'' = 1, \qquad n''\varphi'' = \varphi'', \qquad x+n''\varphi'' = x+\varphi'' = X''.$$
$$x' \parallel x'' = X' \parallel X'',$$

d. h. beide Alternationsglieder gelangten bis zur äussersten Grenze in der Richtung der ihnen eigenen anthropophonischen Veränderungen.

2) Wenn wir bei gewissen phonetischen Veränderungen die psychische Hemmnis annehmen, dann erhält unsere allgemeine Formel folgende Gestalt:

$$x+(n\varphi - m\psi),$$

wo bedeuten:

ψ . . . psychische Hemmnis,

m . . . die Zahl der Fälle oder Gruppen der Fälle, auf welche sich die Wirkung dieser Hemmnis erstreckt. Dieses m ist, im Unterschiede von n, kein Bruch, sondern immer eine ganze Zahl in den Grenzen von 0 bis M.

3) Die Formel, welche die zur Utilisierung traditioneller Alternanten behufs Entwickelung von Correlativen führenden psychischen Veränderungen ausdrückt, könnte etwa folgende Gestalt annehmen:

$$[X' \parallel X''] \, m\psi,$$

wo bedeuten:

$X' \parallel X''$ eine entwickelte und befestigte traditionelle Alternation,

ψ ... eine gewisse psychische Beziehung zwischen den Morphemen und Worten, in welchen diese Alternation vorkommt,

m ... den Coefficienten dieser Beziehung, welcher ihre grössere oder geringere Kraft, ihre grössere oder geringere Spannung ausdrückt.

Die Stellung des Ausdrucks $m\psi$ hinter der Parenthese, [ ], bedeutet keineswegs eine mathematische Multiplicierung der Alternation, deren Symbol in der Parenthese steht, sondern nur die Möglichkeit der Utilisierung dieser Alternation zu der mittelst $m\psi$ ausgedrückten psychischen Schattierung.

Der obige Ausdruck, $[X' \parallel X''] \, m\psi$, ist bei weitem nicht so stabil (feststehend) und bestimmt, wie die die Formelskelette aus dem Bereiche der Alternationen anthropophonischer Herkunft darstellenden Ausdrücke

$$x+n\varphi, \quad \{x + n'\varphi'\} \parallel \{x + n''\varphi''\} = x' \parallel x''.$$

Denn es spielen dabei in jeder Sprachgenossenschaft individuelle Unterschiede eine grosse Rolle. Ein jedes Individuum muss zur Färbung der Alternation $X' \parallel X''$ mit der psychischen Schattierung $m\psi$ auf eigene Hand gelangen.

Daher begegnen wir nicht so sehr einer Gradation, als vielmehr einem beständigen Schwanken, beständigen Oscillationen, welche jedoch, in gewissen Bedingungen des socialen Verkehrs und auf gewisser Stufe der sprachlichen Ausbildung der zu der gegebenen Sprachgenossenschaft gehörenden Individuen, sich auf's *minimum* reducieren lassen. Jedenfalls hat das *m* in der angeführten Formel einen beweglichen Wert in den Grenzen

$$0 \dots M,$$

wo *M* das *maximum* der Kraft, das *maximum* der psychischen Spannung bezeichnet.

Wenn $\qquad m = 0,$

dann ist natürlich auch

$$m \overset{\shortmid}{\psi} = 0$$

und der ganze Ausdruck

$$[X' \parallel X''] m \overset{\shortmid}{\psi} = X' \parallel X''.$$

IV. Classification phonetischer Alternanten und Alternationen vom Standpunkte der Art und Weise ihrer etymologischen Verwandtschaft.

Die die alternierenden Paare bildenden Phoneme müssen immer etymologisch verwandt sein, d. h. sie müssen von einem einheitlichen Urphoneme stammen; diese Verwandtschaft aber kann zweierlei Art sein:

a) entweder alternieren diese Phoneme in den etymologisch verwandten, folglich alternierenden Morphemen (z. B. *g* ‖ *ž* in den poln. m o g - | m o ž - u. v. a.),

b) oder es alternieren die Phoneme als Componenten ganzer Gruppen von Morphemen mit einem gewissen gleichmässigen phonetischen Bau (z. B. poln. *i (y)* ‖ *e* in den Verben w y - c i n - a w y - ž y n - a n a - g i n - a | r o z - b i e r - a w y - c i e r - a p o - ž e r - a . . . ; poln. *e* ‖ *o* in p i e k - ę c i e k - ę s t r z e g - ę g r z e b - ę | b i o r - ę w i o d - ę n i o s - ę p l o t - ę . . . ; lat. *i* ‖ *e* in c o l - l i g - o c o n - t i n - e t a b - -i g - i t a f - f i c - i t . . . | c o n - f e r - o a t - t e r - i t i m - p e r - a t . . . ; got. *i* ‖ *e* [r] . . .).

Vom Standpunkte des Grades der etymologischen Verwandtschaft alternierender Phoneme unterscheiden sich diese beiden Arten von Alternationen keineswegs qualitativ, sondern nur quantitativ. Die morphologische Verwandtschaft der Morphemo, d. h. die auf ihre Zugehörigkeit zu den in einer gewissen gegenseitigen Beziehung stehenden morphologischen Kategorien gestützte Verwandtschaft ist ganz einfach das Resultat einer Verallgemeinerung. Diese Verallgemeinerung aber stützt sich auf die Zusammenstellung einer ganzen Reihe von Morphemen, welche nicht nur in einer gewissen morphologischen Beziehung zu einander stehen, sondern auch etymologisch verwandt sind. So führt uns z. B. im Polnischen die Zusammenstellung

erstens von

ciek- ciecz-
strzeg- strzeż-
grzeb- grzeb-...,

zweitens von

bior- bierz-
wiod- wiedź-
nios- nieś-
plot- pleć-....,

drittens von

ciek- ciecz- tok- tocz-
strzeg- strzeż- strog- stroż-
grzeb- grzeb'- grob- grob'-,

viertens endlich von

bior- bierz- bor- borz-
wiod- wiedź- wod- wodź-
nios- nieś- nos- noś-
plot- pleć- płot- płoć-...

zu einer Alternation, welche als Abstraction von allen diesen betrachtet werden darf, und zwar zu der oben angeführten Alternation

$e \parallel o$

in

piek- bior-
ciek- wiod-
strzeg- nios-
grzeb- plot-...

In den neueren, von B r u g m a n n und D e S a u s -
s u r e so glücklich inaugurierten, historisch-phonetischen Ent-
deckungen auf dem Gebiete der arioeuropäischen Sprachen
erwies sich die Zusammenstellung der Morpheme vom Standpunkte ihrer morphologischen oder formalen Verwandtschaft,
also Feststellung der Alternationen von Phonemen gerade der
Art, wie e ‖ o in p i e k- . . . . | b i o r- . . . . , höchst er-
spriesslich.

In einem engen Zusammenhange mit der Unterscheidung
von zwei Arten der Alternationen bezüglich des Verwandt-
schaftsgrades alternierender Phoneme befindet sich die Bestimmung verschiedener Richtungen, in welchen sich die morphologische Assimilation der Morpheme, d. h. ihre aus psychischen Gründen sich vollziehende Ausgleichung manifestiert.
Es sind vor allem zwei Richtungen:

a) die Richtung der Assimilation auf Grundlage etymologischer Verwandtschaft,

b) diejenige auf Grundlage morphologischer oder struc-
tureller Verwandtschaft.

V. Classificationen phonetischer Alternationen vom Stand-
punkte der Einfachheit oder der Zusammengesetztheit (Compliciertheit) der Zusammenstellungen.

1. D e r U n t e r s c h i e d ä q u i v a l e n t e r u n d n i c h t -
ä q u i v a l e n t e r P h o n e m e.

Wenn ein Phonem einem Phoneme, wenn zwei Phoneme
zwei anderen Phonemen etymologisch entsprechen, dann haben wir ein ganz einfaches, ohne besondere Complicationen
dastehendes Verhältnis.

Wenn aber einem Phoneme zwei oder mehrere andere Phoneme entsprechen, dann haben wir eine Alternation von nicht-
-äquivalenten Phonemen.

Im Grunde genommen, wird eine ebensolche Alternation auch von der Alternation eines bestimmten Phonems mit
Null oder mit dem Mangel jeglichen Phonems gebildet.

Endlich gibt es Fälle, in welchen wir ein gewisses Phonem nicht mit einem anderen Phoneme oder mit zwei oder mit mehreren ganzen Phonemen, sondern nur mit einem Teile eines anderen Phonems oder, wenn mit einem anderen Phoneme, so doch in Verbindung mit einem Teile eines anderen nachbarschaftlichen Phonems zusammenstellen müssen.

Alle diese Fälle erhalten wir aus der Formel

$$x' \left\{ \frac{p}{s} z + n x'' \right\},$$

indem wir für p und n verschiedene Werte substituieren.

Dabei bedeuten:

x' . . . . einen von den Alternanten,

$\frac{p}{s} z + n x''$ . . . . den anderen Alternanten,

x', x'', z . . . . ganze Phoneme,

$\frac{p}{s}$, n . . . . Coefficienten der ganzen Phoneme,

n . . . . eine ganze Zahl: 0, 1, 2, 3 . . . ,

$\frac{p}{s}$ . . . einen gewöhnlichen Bruch in den Grenzen von 0 bis 1,

s . . . . die Zahl, welche zeigt, in wie viel Teile oder einfache Articulationen das Phonem z zerlegt wird, mit andern Worten die Zahl, welche die Summe der als unteilbare Einheiten betrachteten Teile oder Eigenschaften des Phonems z ausdrückt,

p . . . . die in den Grenzen von 0 bis s sich bewegende ganze Zahl.

Substituieren wir jetzt:

1) $p = 0$, $n = 1$,

dann erhalten wir die einfachste Alternation:

$$x' \parallel x''$$

(z. B. poln. $k \parallel \check{c}$; $g \parallel \check{z}$ . . .).

2 $$p = 0, \qquad n = 2, 3 \ldots ,$$

$$x' \left\lvert \frac{p}{s} z + n\, x'' \right\rvert = \begin{cases} x' \parallel 2\, x'' \\ x' \parallel 3\, x'' \\ \ldots \ldots \end{cases}$$

(z. B. poln. $c \parallel \acute{c}i$, $dz \parallel d\acute{z}i$ . . . . .).

3) $$p = 0, \qquad n = 0,$$

$$x' \left\{ \frac{p}{s} z + n\, x'' \right\} = x' \parallel 0$$

(z. B. poln. $e \parallel 0$ in s e n $\mid$ s n - u . . .).

4) $$p = 1, \qquad n = 1$$

$$x' \left\{ \frac{p}{s} z + n x'' \right\} = x' \; \frac{1}{s} z + x''$$

(z. B. poln. $o \parallel \, 'e$ in t o k - $\parallel$ c i e k - . . .).

Der vollständigen Genauigkeit wegen sollte man den beiden Seiten der Formel dieselbe Gestalt geben, und zwar

$$\left\lvert \frac{p'}{s'} z' + n' x' \right\rvert \quad \left\lvert \frac{p''}{s''} z'' + n'' x'' \right\rvert,$$

mit der Bemerkung, dass man einzelne Glieder der Ausdrücke auch umstellen darf. Dann erhalten wir folgende vier Möglichkeiten:

$$\left\lvert \frac{p'}{s'} z' + n' x' \right\rvert \quad \left\lvert \frac{p''}{s''} z'' + n'' x'' \right\rvert \quad \ldots \ldots \tag{1}$$

$$\left\lvert n' x' + \frac{p'}{s'} z' \right\rvert \quad \left\lvert \frac{p''}{s''} z'' + n'' x'' \right\rvert \quad \ldots \ldots \tag{2}$$

$$\left\lvert n' x' + \frac{p'}{s'} z' \right\rvert \quad \left\lvert n'' x'' + \frac{p''}{s''} z'' \right\rvert \quad \ldots \ldots \tag{3}$$

$$\left\lvert \frac{p'}{s'} z' + n' x' \right\rvert \quad \left\lvert n' x'' + \frac{p''}{s''} z'' \right\rvert \quad \ldots \ldots \tag{4}.$$

Nun, wenn wir in dem Falle (2) setzen:

$$n' = 1, \quad p' = s', \quad n'' = 1, \quad p'' = s'',$$

erhalten wir:

$$\{x' + z'\} \parallel \{z'' + x''\}$$

(z. B. poln. *ar* ∥ *ro* in **w a r t - k i** | **w r o t - a** . . . .).

Wenn in dem Falle (1)

$$p' = 1, \quad n' = 1, \quad p'' = 0, \quad n'' = 0,$$

dann

$$\left\{ -\frac{1}{s'}\, z' + x' \right\} \parallel 0$$

(z. B. poln. *'e* ∥ 0 in **b i e r z - e** | **b r - a ć**).

2. Classification der Alternationen mit Rücksicht auf die Anzahl ihrer Glieder.

Gewöhnlich haben wir nur je zwei Alternanten in einer Alternation, als in der von dem Standpunkte einer einheitlichen Causalität betrachteten Beziehung. Es gibt aber, sonst ziemlich seltene, Fälle, wo zum Bestande einer durch eine einzige Ursache, durch ein einziges anthropophonisches Streben (Tendenz) auf verschiedenen Stufen seiner Manifestation (Offenbarung) beleuchteten Alternation drei und selbst vier Phoneme gehören. Hier ist u. a. die grossrussische Divergenz der Vokale in Abhängigkeit von dem Accente zu erwähnen [ó ∥ *á* ∥ *y̆(ə)* in g ó d - g ó d - a | g ā d - á | g y̆ d - ā v ó j | p ó ł - g y̆ d - a ...].

3. Classification der Alternationen vom Standpunkte der Einfachheit oder der Zusammengesetztheit der die alternierenden Phoneme enthaltenden Morpheme.

Eine Reihe der durch die Angrenzungsassociation verbundenen Morpheme wird einem einzigen Morpheme entgegengestellt, d. h. entweder bleiben wir in den Grenzen einfacher Morpheme, oder müssen die in zwei angrenzenden Morphemen sich findenden Phoneme in Erwägung ziehen und vergleichen,

Beispiele erster Art wurden schon oben in Menge angeführt; als Beispiel zweiter Art kann man polnische Alternation

$$\acute{c}i \parallel c, \qquad d\acute{z}i \parallel dz$$

in   p ł a c - i | p ł a c - ę.   r o d z - i | r o d z - ę nennen.

4 Classification der Alternationen vom Standpunkte des Gegensatzes zwischen den einem einfachen Worte eigenen Morphemen und zwischen dem etymologischen Zusammenhange von Morphemen, die in verschiedenen Worten vorkommen.

Alle oben genannten Alternationen fanden in den einem einfachen Worte eigenen Morphemen. Wenn wir aber ein Phonem oder eine Verbindung von Phonemen finden wollen, welche z. B. mit dem auslautenden c des polnischen c i e c alterniert, müssen wir zu der Zusammenstellung von zwei Morphemen Zuflucht nehmen, die in einer gegenseitigen Verbindung nie auftreten. Es sind die Morpheme: 1) c i e k - , 2) -ć der Infinitive:

$$c\ i\ e\ c\text{-} \qquad \begin{matrix} c\ i\ e\ k\text{-} \\ \ \\ \text{-}\acute{c} \,.\end{matrix}$$

Auf diese Weise erhalten wir die Alternation

$$c \qquad \begin{matrix} k\text{-} \\ \ \\ \text{-}\acute{c}.\end{matrix}$$

Folglich unterscheiden wir zwei Arten von Alternationen und Alternanten:

a) einfache, welche durch eine Vergleichung der Verbindungen von Phonemen erhalten werden, die dem Bestande eines einzigen Wortes vollständig angehören (z. B. poln. $\{d\acute{z}i \parallel dz\} = \{di \parallel d\underline{i}\}$);

b) complicierte, wo, wenigstens auf einer Seite, die zwei besonderen Worten eigenen Phoneme gestellt werden müssen

$$\left(\text{z. B. } c \begin{matrix} k\text{-} \\ \text{-}\acute{c}\end{matrix} \text{ in c i e c } \begin{matrix} c\ i\ e\ k\text{-} \\ \text{-}\acute{c}\end{matrix} \text{ u. ä.}\right).$$

5. Entgegenstellung einfacher Alternationen, einfacher alternationeller Paare den Alternationen von Alternationen oder den Alternationen alternationeller Beziehungen.

Einfache Alternationen erfordern hier keine nähere Erklärung. Als Beispiel von Alternationen der Alternationen kann man anführen poln.

$$\{t \parallel \acute{c}\} \parallel \{k \parallel \check{c}\}$$

in $\quad \{plot\text{-}ę \mid plec i\text{-}e\} \parallel \{piek\text{-}ę \mid piecz\text{-}e\},$

$$\{e \parallel e\} \parallel \{o \parallel e\}$$

in $\quad \left\{ piek\text{-}ę \; piecz\text{-}e \right\} \; \left\{ \begin{matrix} nios\text{-}ę & niesi\text{-}e \\ plot\text{-}ę & pleci\text{-}e \end{matrix} \right\},$

$$\left\{ c \begin{smallmatrix} k \\ \\ \acute{c} \end{smallmatrix} \right\} \Big| \left\{ \acute{c} \parallel \acute{c} \right\}$$

in $\quad \left\{ cicc \begin{matrix} ciek\text{-} \\ \\ \text{-}\acute{c} \end{matrix} \right\} \; \left\{ by\text{-}\acute{c} \begin{matrix} by\text{-} \\ \\ \text{-}\acute{c} \end{matrix} \right\}.$

Die Alternationen von Alternationen oder die Alternationen alternationeller Beziehungen stützen sich auf die alternationelle Beziehung der Morpheme, welche nur formell oder structurell verwandt sind.

Man könnte wohl noch viel mehr Standpunkte aufstellen, von denen sich die Alternationserscheinungen classificieren liessen. Ich begnüge mich aber vorderhand mit dem in diesem Capitel dargestellten und gehe im folgenden zu einer ausführlicheren Analyse wenigstens einiger Alternationsclassen.

III. CAPITEL.

Alternationen, betrachtet vom Standpunkte anthropophonischer Causalität. Analyse verschiedener Classen und deren charakteristische Merkmale. Divergenzen.

Wie aus Obigem ersichtlich, existieren in jeder Sprache Spaltungen eines ursprünglich einheitlichen Phonems, welehe auf dem rein anthropophonischen Boden entstehen, unabhängig von ihrer Zugehörigkeit zum Bestande gewisser Morpheme oder Morphemkategorien. So ist z. B. das ursprüngliche Phonem k im Polnischen in k, k', $č$ (cz), c gespaltet worden. Ein besonderer, psychisch beschränkter Fall solcher rein phonetischen Spaltungen sind Spaltungen von Phonemen in den etymologisch verwandten Morphemen, z. B. Spaltung von k in k, $č$, c in den Morphemen w i l k - w i l č - w i l c - (wilk, wilczysko, wilcy).

Es erfolgt oder es erfolgte wohl in beiden Fällen eine Spaltung dessen, was eine psychische Einheit bildet oder bildete. Aber ein gewisses Phonem, unabhängig von den mit einer Bedeutung versehenen Morphemen betrachtet, bildet etwas Einheitliches nur als phonetische Vorstellung, nur als Erinnerungsbild, während die psychische Einheit eines als Morphemcomponent betrachteten Phonems noch von dem etymologischen Zusammenhange der Morpheme unterstützt wird.

Dabei ist ein sehr wichtiger Umstand zu berücksichtigen, nämlich: Die Schlüsse, dass die heutzutage verschiedenen Phoneme, — und zwar einfach verschiedene, ohne eine sichtbare Veranlassung zu einem solchen Unterschiede, — einmal é i n Phonem waren, können nur auf dem Wege der Etymologie gemacht werden, d. h. auf dem Wege etymologischer Zusammenstellungen und Vergleichungen, sei es im Bereiche einer und derselben Sprache [Alternationen], sei es wieder im Bereiche zweier oder mehrerer Sprachen [Correspondenzen]. Wenn wir weder eine Alternation, noch eine Correspondenz aufweisen können, haben wir auch kein Recht, ein Phonem von dem anderen herzuleiten.

Von der Spaltung eines gewissen Phonems in einige andere, unabhängig von dem etymologischen Zusammenhange der sie enthaltenden Morpheme, können wir nur dann reden, wenn die diese Spaltung bedingenden Factoren vor unseren Augen wirken, wenn in ihnen noch ein volles Leben pulsiert, wenn man sie, so zu sagen, *in flagranti* ertappen kann.

Die neophonetischen Einflüsse wirken ganz unabhängig von dem etymologischen Zusammenhange. Wir dürfen also, die in der Absicht gleichen und in der Vollbringung verschiedenen Phoneme oder Laute ganz unabhängig von irgend welchem etymologischen Zusammenhange zusammenstellen.

Hierher gehört z. B. die Spaltung polnischer „Nasalvocale", je nach der Nachbarschaft. in ę ą | ęn (en) ąn (on) ęm (em) ąm (om) | ęń (eń) ąń (oń) | ęń eń) ąń (oń) | e o. Ebenso verhält es sich auch mit dem aind. a n u s v a r a - .

Grossruss. Vocale a, e. o, besonders a und e, haben eine verschiedene Schattierung, je nach der Natur des folgenden Consonanten (матъ, мѣлъ, законъ . . . | мать, мель, конь . . .).

Nhd. s klingt verschieden, je nach seiner Lage und Nachbarschaft. u. s. w. u. s. w.

Eine solche vor unseren Augen sich vollziehende Spaltung eines psychisch einheitlichen Phonems in zwei oder mehrere können wir D i v e r g e n z nennen. und sie wird in diesem Falle r e i n a n t h r o p o p h o n i s c h, r e i n p h o n e t i s c h sein. d. h. eine Divergenz der Phoneme selbst, unabhängig von ihrer Zugehörigkeit zum Bestande verwandter Morpheme.

Wenn aber solche differenzierende Einflüsse in den etymologisch (d. h. psychisch-historisch) verwandten Morphemen stattfinden, dann erhalten wir eine p h o n e t i s c h - e t y m o l o g i s c h e D i v e r g e n z, eine n e o p h o n e t i s c h e A l t e r n a t i o n, eine uranfängliche Alternation der Morpheme und der zu deren Bestande gehörenden Phoneme. Beispiele:

poln. s ‖ ś [k o s t k a | k o ś ć. c z ą s t k a | c z ę ś ć, p i o s n k a | p i e ś ń . . .];

poln. ń ‖ ń (stimmloses ń), ł ‖ ł (stimml. ł), r ‖ r (stimml. r) [p i e ś n i | p i e ś ń, j a b ł e k | j a b ł k o, w i a t r u ' w i a t r . . .];

poln. i_2 (y) ‖ i_1 (i) [g ł o w y. c n o t y . . . | p o s t a c i, s o l i . . .];

poln. -*t* · ‖ -*ţ* (geschwächtes *t*) [c n o t a | c n ó t . . .]:

„ *ęn* (*en*) ‖ *ęń* (*eń*) [b ę d ę | b ę d z i e . . .]:

grruss. *o* ‖ *o,*, *a* ‖ *a,*, *e* ‖ *e,* [воза | возитъ; баба | бабѣ, этотъ | эти . . .];

grruss. *i₂* (ы) ‖ *i₁* (и) [балы́, дары́ . . . . | короли́. цари́ . . .];

grruss. *ó* ‖ *а* ‖ *ў* [го́дъ го́да | года́ | годово́й по́л-года . . .];

nhd. -*b*- ‖ -*p* [G r a b e, S t a b e . . . | G r a b. S t a b...];

„ *xₐ* (*ch*) ‖ *x,* (*ch*) [b r a c h | b r i c h t, L o c h | L ö-c h e r . . .].

Ebenso bei einer rein anthropophonischen Divergenz, wie auch bei der Alternationsdivergenz kann

a) entweder jedesmalige S u b s t i t u t i o n, jedesmalige notwendige Anpassung (Accomodation) an die Bedingungen der Aussprache,

b) oder, neben der Accomodation, auch die u n b e w u s s-te E r i n n e r u n g an die i n d i v i d u e l l e n Eigentümlich-keiten der gegebenen anthropophonischen Modification des psy-chisch einheitlichen Phonems stattfinden.

Im ersten Falle (*a*) haben wir die Thatsache der Nicht-übereinstimmung der anthropophonischen Vollbringung mit der Absicht, mit der Intention: wir w o l l e n ein gewisses Phonem mit allen seinen Eigentümlichkeiten aussprechen, und unterdessen k ö n n e n wir nur eine Modification dieses Pho-nems aussprechen, indem wir anstatt seiner gewissen gedach-ten Eigentümlichkeiten irgend welche andere, in der Vollbrin-gung mögliche Eigentümlichkeiten substituieren.

Den Beweis dafür liefert zuerst die Orthographie und dann die häufigen Streitigkeiten, welchen Laut wir im be-treffenden Falle hören. Bei den des Schreibens kundigen kann das Hören auch durch die Orthographie beeinflusst werden.

Der Ausdruck z. B. „*z* wird wie *s* ausgesprochen" ist gewissermassen gerechtfertigt: *z* stellt hier die gedachte psy-

chische Einheit dar, s aber — deren Vollbringung im Bereiche der Sprachperipherien.

Als Beispiel des zweiten Falles (b), d. h. des Falles, wo
wir, neben der Accomodation und Substitution, auch einer
unbewussten Erinnerung an individuelle Eigentümlichkeiten
begegnen, können poln. ś in k o ś ć, g o ś ć, p i e ś ń, p i e-
ś n i . . . , ś in ś p i (ausgespr. auch s p i) dienen.

Diese unbewussten Erinnerungen an individuelle Eigen-
tümlichkeiten, insoweit sie in den etymologisch verwandten
Morphemen vorkommen, bilden ein Uebergangsglied von der
Kategorie der Divergenten zu derjenigen der traditionellen
Alternanten.

Die anthropophonische Spaltung eines psychisch einheitlichen Phonems, welche sei es den rein anthropophonischen,
sei es alternationellen Divergenten eigen sein kann, besteht

a) entweder wirklich in der Entwickelung verschiedener
Eigentümlichkeiten in einem Gliede des alternierenden Paares,
genauer gesagt, in der Substitution gewisser Eigentümlichkei-
ten anstatt anderer [- t ‖ - d- in r a d | r a d a, - s ‖ - z- in
m r ó z | m r o z u, r̦ ‖ r in w i a t r | w i a t r u, m̦ ‖ m in
m c h u | m e c h . . .],

b) oder aber blos in der Schwächung der Individualität
eines von den Gliedern des alternierenden Paares.

In dieser Hinsicht muss man die das Zumvorscheinkom-
men aller individuellen Eigentümlichkeiten des gegebenen Phonems begünstigenden Lagen von den dasselbe in irgend welcher
Weise hemmenden unterscheiden. So ist z. B. die Lage des t
in t a, s t a dem Erscheinen seiner individuellen Eigentümlichkeiten günstig, während in a t ein solches Erscheinen gehemmt
wird. Ebenso r in r a, r y d z, a r im Gegensatz zu r d a,
r d z a . . ., l in l i g a ć im Gegensatz zu l g n a̦ ć, m, m̦ in
m y, m i g a ć im Gegensatz zu m g ł a, m̦ g n i e . . .

Die irgend einer Divergenz eigene Causalität kann entweder allgemein menschlich, oder nur ethnologisch, d. h. ört-
lich und zeitlich bedingt, sein. Mit anderen Worten:

Combinatorisch - anthropophonische Veränderungen, die den ersten Anlass zur Spaltung eines Phonems geben, vollziehen sich

1) entweder unter dem Einflusse stätig, man kann sagen, ewig wirkender Ursachen,

2) oder unter dem Einflusse von den nur vorübergehend, nur zu einer gewissen Zeit wirkenden Ursachen, unter dem Einflusse von Bedingungen, welche nur einer gewissen Sprachgenossenschaft in einer gewissen Periode ihres sprachlichen Lebens eigen sind.

Wenn man diese Gruppe vorübergehender Ursachen vom Standpunkte einer gewissen, streng bestimmten Epoche betrachtet, so wirken sie *a*) entweder in der Jetztzeit, in der Gegenwart, *b*) oder nur in der Vergangenheit dieser Epoche.

Ebenso bei der rein anthropophonischen, wie auch bei der alternationellen Divergenz sind zu unterscheiden:

1) phonetische Gewohnheiten, z. B. jede Silbe mit einem Consonanten zu beginnen, was uns u. a. die sogen. „Einschiebung des Consonanten zur Vermeidung des *hiatus*" erklärt,

2) Accomodation, behufs Erleichterung der Aussprache.

Diese letztere

a) ist entweder notwendig und ausnahmslos, wenn man gehörig ausspricht (z. B. Divergenz verschiedener *t* in *t a* | *t r* | *t l* | *t s* | *t n* | *a t* | *a n t* . . . ; Alternation des *d* in *d n o* | *d e n* . . .),

b) oder reduciert sich zu den schwachen anthropophonischen Strebungen, welche durch die „prohibitive Analogie", d. h. durch das Streben nach phonetischer Ausgleichung verschiedener in ihrer psychischen Einheit gefühlter Morpheme, paralysiert werden.

Merkmale der Divergenz.

1. Das erste und hauptsächlichste Merkmal jeder Divergenz kann folgendermassen formuliert werden:

Die mit einander alternierenden Eigentümlichkeiten der Aussprache sind nicht
individuelle und unabhängige Eigentümlichkeiten anthropophonischer Varietäten
(Modificationen) des betreffenden Phonems
oder der betreffenden phonetischen Stelle
des Morphems, sondern sie sind nur combinatorisch bedingt, d. h. sie hängen von der Verbindung
mit anderen Phonemen und von den Bedingungen der anthropophonischen Umgebung im allgemeinen ab.

Bezeichnen wir:

das sich verändernde Phonem mit . . x,

eine Modification desselben mit x',

eine andere Modification mit . . . . x'',

Verbindungs-Bedingungen im allgemeinen mit . . y,

phonetische Bedingungen, in denen das Phonem x',
als eine von den Modificationen des Phonems x, erscheint, mit y',

Bedingungen, in denen das Phonem x'', als eine
andere Modification des Phonems x, erscheint, mit . . . y''

und schliesslich die Abhängigkeit mit . . . . . f;

dann können wir das genannte Merkmal folgendermassen
ausdrücken:

$$x = f(y),$$

d. h. x ist „Function“ des y,
wobei selbstverständlich das Wort „Function“ in dem mathematischen Sinne genommen wird, obgleich, mit Rücksicht
auf die Verschiedenheit des Untersuchungsgegenstandes selbst,
wie auch auf den Mangel der jedem mathematischen functio-
nellen Zusammenhange eigenen Continuität, wir dieses Wort
„Function“ hier nur *cum grano salis*, d. h. mit dem nötigen
Vorbehalt, gebrauchen dürfen.

Diese Abhängigkeit des x von y können wir genauer
so ausdrücken:

$$x = f(y),$$

oder $\quad x' \ldots y' \parallel x'' \ldots y''$,

oder auch
$$x' \qquad x''$$
$$[y'] \qquad [y''],$$

d. h. das von den Bedingungen y' abhängige Phonem x' alterniert mit dem von den Bedingungen y'' abhängigen Phoneme x''.

Anders:

$$x' \parallel x'' + y' \parallel y'',$$

d. h. die Alternation der Phoneme x', x'', welche blos Modificationen des Phonems x sind, geht parallel zu der Alternation phonetischer Bedingungen, y', y'', von denen eben jene Phoneme, x', x'', als Varietäten des Phonems x, abhängen.

Ein besonderer Fall:

entweder $\qquad x' = x, \quad y' = y,$

oder $\qquad x'' = x, \quad y'' = y,$

d. h. dieses Phonem ($= x$) verändert sich gar nicht, die anthropophonischen Bedingungen aber bleiben auch unverändert ($= y$), was eben die Erhaltung ursprünglicher Eigentümlichkeiten des Phonems begünstigt.

Mit diesem ersten charakteristischen Merkmale der Divergenz oder der mit der anthropophonischen Causalität begabten Alternation bleiben in einem engen Zusammenhange zwei andere Merkmale:

2. Unmittelbare Bestimmbarkeit und Vorhandensein anthropophonischer Ursachen der Alternation.

3. Allgemeinheit und anthropophonische Notwendigkeit der Alternation.

D. h.: eine solche Alternation

a) kommt ausnahmslos in allen Worten und phonetischen Verbindungen der betreffenden Sprache vor, welche das betreffende Phonem enthalten;

b) sie steht in einem causalen Zusammenhange mit der Alternation der Bedingungen anthropophonischer Natur:

$$x' \text{ ist eng verbunden mit } y',$$
$$x'' \quad \text{„ „ „} \quad \text{„} \quad y'';$$

Verbindungen $\qquad\qquad x' \ldots y'',$
$$\text{oder} \quad x'' \ldots y'$$

sind unmöglich.

4. Eine ähnliche Alternation. d. h. Divergenz. ist unabhängig von den psychischen (morphologischen oder semasiologischen) Einflüssen. Sie findet nicht in den syntaktisch und morphologisch gegliederten. sondern einzig und allein in den ausgesprochenen Phonemcomplexen, im Gebiete der Sprachperipherien statt.

5. Da die Eigentümlichkeiten der Phoneme x', x'' nicht ihre psychisch individuelle, gedachte, im Gehirncentrum aufbewahrte Eigentümlichkeiten, sondern nur von den Aussprachebedingungen, y', y'', abhängige Variablen sind, und da eine solche Alternation von den psychischen Einflüssen unabhängig ist, so braucht man diese anthropophonischen Schattierungen des abhängigen Phonems gar nicht zu merken. Diese Schattierungen werden durch die peripherischen Aussprachebedingungen von selbst gegeben. Es wird aber dadurch die Möglichkeit des Bemerkens und des Merkens jener Schattierungen keineswegs ausgeschlossen, und dann wird dieses Merken zum Uebergangsgliede zu der Kategorie traditioneller Alternationen.

Es sind noch ausserdem im Bereiche der Divergenzen oder neophonetischer Alternationen verschiedene Grade und Varietäten zu unterscheiden, und zwar:

a) keimende Alternationen, welche entweder mit Hülfe einer, so zu sagen, mikroskopischen Untersuchung entdeckt oder nur als Postulat angenommen werden;

b) Alternationen mit den schon ohne Schwierigkeit bestimmbaren Folgen, welche aber unbewusst,
d. h. im Zustande des unendlich kleinen Bewusstseins, noch
nicht percipiert werden, und die allein mittelst Steigerung,
mittelst Vergrösserung des Bewusstseins entdeckt werden kön-
nen [z. B. poln. *m* ‖ *m* in mech | mchu, *r* ‖ *r* in Pio-
tra | Piotr, *t* ‖ *t* in kota | kot; grruss. *a* ‖ *a* in брата
братъ]. Hier haben wir eine psychisch einheitliche Quelle des
Phonems neben seiner rein anthropophonischen Spaltung.

c) Alternationen, welche nicht nur bewusst, sondern auch unbewusst percipiert werden, welche also,
einerseits, schon mit der Spaltung (Entzweiung, Bifurcation)
der psychischen Quelle verbunden, andererseits aber schon
von der Tradition gewissermassen unterstützt werden [z. B.
poln. -*b*- ‖ -*p* in łba | łeb, *p̉* (*pi*) ‖ *p* in kupioc | kup-
ca . . . ; grruss. *t* ‖ *d* in сватать | свадьба . . .].

Bei der Beurteilung, ob eine gewisse Alternation zur
Classe *b*, oder zur Classe *c* gehört, können uns als Kriterium
entsprechende Thatsachen der Sprache und des Schrifttums
dienen [dieses letztere selbstverständlich nur in den Schrift-
sprachen und bei den der Schrift kundigen Individuen]. So
gehört z. B. poln. *b* ‖ *p* in łba | łeb zur Classe *c*, weil sich ein
łepek fin let; ebenso gehören zu derselben Klasse *c* grruss. *d* ‖ *t*
in будок | будка, wenn буточник, *t* ‖ *d* in сватать | свадьба,
weil свадебный. Die poln. Schreibung tchu tchnąć be-
weist, dass *d* ‖ *t* in dech oddech | tchu tchnąć auch
zur Cl. *c* gehört. Für polnische Kinder, welche wrušek
(wruszek) anst. wrużek (wróżek) [Gen. pl.] sagen, gehört
die Alternation *ž* ‖ *š* in wróż-yć (wahrsagen) | wróż-ka
(Wahrsagerin) ebenfalls zur Cl. *c*, oder sie hat sich, eigentlich
gesagt, noch nicht in der Sprache dieser Kinder festgestellt.

Selbstverständlich existiert unter den soeben aufgezähl-
ten drei Classen in jeder Sprache eine ganze Reihe Übergangszustände und Oscillationen oder Schwankungen, sei es
nach dieser, sei es nach jener Seite.

4*

IV. CAPITEL.

Correlationen oder psychophonetische Alternationen.

Correlation heisst eine solche alternationelle Beziehung von Phonemen, bei welcher mit der phonetischen Unterscheidung sich irgend ein psychischer Unterschied der Formen und Worte, d. h. irgend ein morphologischer oder semasiologischer Unterschied, verknüpft (associiert).

Eigentlich gesagt, alternieren dabei nicht einfache Phoneme (Laute), sondern ganze Morpheme oder selbst ganze Worte.

Auf dieser Stufe der Entwickelung alternationeller Beziehungen spielen homogene (d. h. von einem einstmal einheitlichen Phoneme stammende) Phoneme, als bewegliche Correlative, in der Morphologie ebensolche Rolle, wie bewegliche wortbildende Morpheme (Affixe), d. h. wie Praefixe, Suffixe, Endungen u. ä. Sie — diese beweglichen Correlative — bilden hier einen notwendigen integrierenden Bestandteil gewisser beweglicher homogener Morpheme. Wie Suffixe, Praefixe u. ä., ebenso dienen auch Correlative zur Unterscheidung gewisser morphologischer Kategorien.

So wird z. B. im Polnischen, wie auch in anderen slavischen Sprachen, eine gewisse Classe von *verba denominativa* noch heutzutage dadurch lebendig gebildet, dass man das Suffix *i* an den Primärstamm hinzufügt, dessen letzter Consonant so aussehen muss, wie d e r Consonant, welcher infolge einer spontanen Degeneration des in der ersten Palatalisationsperiode der slavischen Sprachen [wenigstens inbetreff der Hinterlingualen *k. g, ch*] palatalisierten Consonanten sich historisch entwickelt hatte [b r u d - | b r u d ż - i - ć, ł u p - | ł u p̓ - - i - ć, t o k - | t o č - y - ć, t r w o g - | t r w o ż - y - ć . . . .].

Das Merkmal des Locativs polnischer Substantiva ist u. a. nicht nur die Endung *e*, sondern auch die Verwandlung des letzten Stammconsonanten in einen Consonanten, welcher

sich auf dem Wege spontaner Degeneration aus einem pala-
talisierten und mit seiner Palatalisation in die zweite Palatali-
sationsperiode der slavischen Sprachen (— wenigstens bei den
Hinterlingualen *k, g, ch* —) reichenden Consonanten [n a r o d ź-e,
w o l-e, b o ř-e, s t r a ć-e, r ę c-e, w ó d c-e, n o d z-e,
s t r u d z-e . . .] entwickelt hatte.

Andere Beispiele:

in der polnischen Conjugation 1. s. n i o s-e (n i o s-ę),
p l o t-e, g n-e, b i o r-e, p i o k-e, m o g-e . . . | 3. s.
n i e ś-e, p l e ć-e, g ń-e, b i c ř-e, p i e č-e, m o ž-e...;

ebenfalls in der poln. Conjug. 3. s. [2. s., 1.—2. pl.]
{l u b i. m ó ẃ i, w o l i, r a ń i, t w o ř y, t o č y, t r w o ž y,
s u š y.} n o ś i, w o ž i, ś w i e ć i. c h o d ź i | 1. s. [3. pl.]
{l u ɓ-e, m ó ẃ-e, w o l-e, r a ń-e, t w o ř-e, t o č-e,
t r w o ž-e, s u š-e,} n o š e, w o ž-e, ś w i e c-e, c h o d z-e...

n o ś i-, w o ž i-, ś w i e ć i-, c h o d ź i-|n o š-e n i e
n o š-o n y, w o ž-e n i e w o ž-o n y, ś w i e c-e n i e ś w i e c-
-o n y, c h o d z-e n i e c h o d z-o n y . . .;

einfache Verba einerseits, *durativa* und *iterativa* ander-
seits: zwar p a l i-ć c z y ń i-ć t r u d ź i-ć | p a l-a-ć
-c z y ń-a-ć -t r u d z-a-ć . . . ., aber s t r o i-ć t o-
č y-ć t r w o ž y-ć c h o d ź i-ć m n o ž y-ć | -s t r a j-a-ć
t a č-a-ć -t r w a ž-a-ć c h a d z-a-ć -m n a ž-a-ć und
g n i e ś-ć p l e ś-ć m i e ś-ć l e ć-e-ć s i e d ź-e-ć
g n i a t-a-ć p l a t-a-ć m i a t-a-ć l a t-a-ć s i a d-
-a-ć . . .;

dieselbe Verbalbeziehung im Grossrussischen: брос-а́-ть
бра́с-ыва-ть, кол-о́-ть ' ка́л-ыва-ть, стро́н-ть | -стро́-нва-ть
(стра́-ива-ть), про́чи-ть | -про́ч-нва-ть, люби́-ть -лю́бл-нва-ть.
долби́-ть | да́лбл-нва-ть, ходи́-ть ха́ж-нва-ть, носи́-ть на́ш-
-нва-ть, заподо́зрн-ть заподо́зр-нва-ть (заподя́зр-нва-ть)...;

Nom. pl. m. der polnischen Nomina hat in Verbindung
mit der Endung -i (-y) auch einen Schlussconsonanten. welcher durch die spontane Degeneration eines von der Palatalisation afficierten Consonanten [bei den Hinterlingualen einer
Palatalisation zweiter Periode] [c h ł o p-i, k a ć-i..., s i l ń-i,

mil-i . . . . wile-y, ptac-y . . . ., wiele-y, drud z-y . . . szl-i. chodzil-i, dal-i...] entstanden ist.

In einer gewissen Classe von Substantiven m. und n. des Neuchochdeutschen wird der Plural nicht nur durch die Anfügung einer Endung *e* od. *er*, sondern auch durch eine Verwandlung des nicht-palatalen Stammvocals in einen palatalen („Umlaut") gebildet: Wolf. Dorf, Grab, Loch, Wurm | Wölfe. Dörfer, Gräber, Löcher, Würmer . . .

Einige abgeleitete Namen des Altindischen werden gleichzeitig durch Hinzufügung des Suffixes -*ya*- und durch eine correlativische Verwandlung des einfachen Vocals des stammhaften Morphems in die zweite Stufe seiner „Steigerung" (v r d d h i -) gebildet: kāunteya-, sāubhagya-, vāirya-, pārthava- . . . . von kunti-, subhaga-, vīra-, prthivī- . . . .

Bekanntlich verleiben dem Worte gewisse Affixe oder untergeordnete Morpheme (Suffixe, Praefixe) eine Nuance der Ungeschlachtheit, der Abstraction u. ä. Ähnliche Nuancen werden dem Worte auch durch eine gewisse correlativische Beziehung der Morpheme verliehen. So im Poln. die Correlation *x* (*ch*) ‖ *s* in włoch-y kluch-y | włos-y klus- -ki . . . . im Russ. *ra la* ‖ *oro olo*, *šč žd* | *č ž* in гражданн'н | горожанин. главá | головá. превращáть | ворóчать...; im Französischen *k* ‖ *š* in cause | chose . . . [obgleich in diesem letzten Falle von einer wirklichen, vom Volke lebhaft gefühlten Correlation kaum die Rede sein kann].

Die sogenannte, ebenso dem arioeuropäischen Urzustande, wie auch allen besonderen arioeuropäischen Sprachen in älterem Stadium ihrer Entwickelung eigene, „Stammabstufung" ist an eine correlativische Alternation der Phoneme eng gebunden, wobei ein Glied des alternierenden Paares die Null des Phonems, d. h. sein vollkommener Mangel, zu sein pflegt:

r ‖ 0.

Diese „Stammabstufung" kann entweder noch lebendig, beweglich, oder, in betreff ihrer Lebendigkeit und Beweglichkeit, im Absterbestadium begriffen sein.

Hieher gehören auch die sogenannten „Infixe", welche sich besonders üppig in den semitischen Sprachen entwickelt hatten.

Als Beweis der Lebendigkeit einer correlativischen Beziehung im Bereiche der Alternationen dient die Möglichkeit der Übertragung auf andere Worte, die Möglichkeit der Bildung neuer alternationellen Paare, besonders in solchen Fällen, wo auf dem Wege einfacher phonetischer Wandlungen nichts ähnliches erscheinen könnte. So ist die mit der Beziehung polnischer Deminutiva und einfacher Substantiva verbundene Correlation

$$c \parallel č \ (cz)$$

ganz lebendig und beweglich, denn, nachdem sie sich phonetisch in solchen Worten entwickelt hatte, wo ebenso $č$ (cz), wie auch c aus der Palatalisation des k in verschiedenen Perioden des Sprachlebens entstanden, wird sie jetzt auch auf solche Worte übertragen, wo c nicht einem k, sondern einem ti seinen Ursprung verdankt. In den Worten d o n i c a, m i e d- n i c a, k r y n i c a, l i c a, s ł o ń c e, k u p i e c | d o n i c z- k a, m i e d n i c z k a, k r y n i c z k a, l i c z k a, s ł o n e c z- k o, k u p c z y k .... entstand die Correlation $c \mid č$ (cz) auf rein phonetischem Wege, ganz so, wie die Correlationen $k \parallel č$, $g \mid ž$, $r(ch) \parallel š$ (sz) in r ę k a ' r ą c z k a, n o g a n ó ż- k a, m u c h a | m u s z k a ... Aber in solchen correlativischen Paaren, wie ś w i e c a | ś w i e c z k a .... hat sich die Correlation $c \parallel č$ auf dem Wege morphologischer Assimilation („Analogie") eingenistet.

Der frühere Nom. pl. der polnischen Pronomina possessiva n a s z - y, w a s z - y wurde jetzt durch n a ś - i w a ś - i ersetzt, weil der Consonant $ś$ als charakteristisches Merkmal gerade dieses Casus von den Stämmen mit dem Schlussconsonanten s, $š$ (sz) oder x (ch) gefühlt wird: n a ś | n a ś - i ...

Die frühere Deminutivform von poln. g r o s z , a r k u s z
klang g r o s z y k . a r k u s z y k (wie bis jetzt in einigen Teilen des polnischen Sprachgebietes, z. B. in Litauen, in Ukra-
ine u. s. w.), jetzt aber wurde sie durch a r k n ś i k , g r o -
ś i k . . . . , mit einem unmittelbar palatalen *ś*, vertreten. [Da-
mit vergleiche man die „Palatalisation", welche in der Kindersprache die Rolle eines Exponenten der Liebkosung und
Zärtlichkeit spielt.]

Im Altindischen waren die unter dem allgemeinen Namen „g u ṇ a -" gefassten Alternationen der Vocale in früheren Zeiten meistenteils correlativisch, d. h. morphologisch beweglich; in der Periode aber, aus welcher die indischen Litera-
turdenkmäler stammen, befand sich diese Beweglichkeit mindestens in einem Übergangsstadium zur psychischen Unbeweglichkeit ausschliesslich traditioneller Alternanten. Im Gegenteil bildete die sogen. v r d d h i - die Beziehung einer lebendigen, beweglichen. übertragbaren Correlation.

Correlationen sind immer nichts weiter, als nur ein
Übergangsstadium von den einfachen traditionellen Alternationen zu den ebenso einfachen traditionellen Alternationen.
Die Correlation entsteht nur infolge einer Utilisierung alternationeller Unterschiede zu psychischen Zwecken, und diese
Utilisierung kann sich zwar in einer Reihe von Generationen wiederholen, schliesslich aber hört sie auf, und gleichzeitig mit ihrem Aufhören muss die betreffende psychophonetische Alternation oder Correlation zu einer gewöhnlichen traditionellen Alternation werden. Diesen allgemeinen Satz
wollen wir mit einzelnen Beispielen beleuchten.

So war z. B. die poln. Alternation 0 ‖ *i* (*n* ‖ *in*) in
p n - ę p ń - e ǀ p′i n - a , - č n - ę - č ń - e ǀ - č y n - a , t n - ę
t ń - e ǀ - ć i n - a . . . . früher eine bewegliche Correlation, wie
es vor allem ihre Übertragung auf g n - ę g ń - e ǀ ǵ i n - a . . .
beweist; jetzt aber befindet sie sich mindestens in einem
Übergangszustande zur völligen psychischen Unbeweglichkeit,
ähnlich wie andere ihr verwandte Alternationen [č̆t - ę č̆ć - e ǀ

čyt-a, sł-a-ć | sył-a-ć, tk-a-ć | tyk-a-ć, br-a-ć
ber-a-ć].

Zu derselben Kategorie rudimentärer psychophonetischer Alternationen gehören auch poln. $o \parallel u$ (ó) in chod-u bor-u stoł-u grod-u | chód bór stół gród...; 'ę 'ą | ę ą in ćęž-ki ćaž-a | tęg-i ws-tąž-ka; $u \parallel 0$ in such-y | sch-ną-ć ... ;

nhd. i (e) $\parallel a$ in bind-e | band, ess-e | aß ....
$\frac{in}{an}$ un in $\frac{bind-e}{band}$ | ge-bund-en ...

Wir dürfen auch vermuten, dass selbst die poln. Alternation $o \parallel e$ in bior-e nios-e wioz-e | bierz-e niesi-e wiezi-e... im Zusammenhange mit der Formenbeziehung einstmal gefühlt wurde, d. h. dass sie eine Correlation, wenn auch von einer kurzen historischen Dauer, war. Jetzt gibt es hier selbstverständlich keine Spur einer Correlativität; denn sonst würde das Streben nach der Stammausgleichung (Uniformierung des Stammes) und nach der Vertretung der Formen bior-e, nios-e, wioz-e... durch bier-e, nies-e, wiez-e ... unmöglich sein.

Es kommen in der Sprachgeschichte auch Fälle vor, wo eine gewisse Correlation nur scheinbar schwindet, während sie eigentlich nur ihr Aussehen ändert und unter eine andere Correlation von breiterem Umfange untergeordnet (subsumiert) wird. Ein interessantes Beispiel einer solchen Verwandlung liefert uns das Grossrussische.

Die der Schriftsprache eigene Alternation

$$k \parallel č$$
$$g \parallel ž$$

in dem Praesens der Verba p_i e k-ú (пеку) t_i e k-ú (теку) b_i e r_i e g-ú (береру) st_i e r_i e g-ú (стереру) ... | p_i e č-ót (печетъ) t_i e č-ót (течетъ) b_i e r_i e ž-ót (бережетъ) st_i e r_i e ž-ót (стережетъ) ... wurde in der Umgangssprache sehr vieler Teile des grossrussischen ethnographischen Gebietes durch eine andere Alternation,

$$k \quad k_i$$
$$g \quad g_i,$$

p_i e k - ú b_i e r_i e g - ú . . . | p_i e k_i - ó t b_i e r_i e g_i - ó t . . . ;
vertreten, nach dem Muster einer ganzen Reihe anderer Alternationen dieser Art:

$b \parallel b_i$, $t \parallel t_i$, $d \parallel d_i$, $s \parallel s_i$, $z \parallel z_i$, $r \parallel r_i$, $n \parallel n_i$ . . .

[in den Formen g r_i e b - ú (гребу) p l_i e t - ú (плету) v_i e d - ú
(веду) n_i e s - ú (несу) v_i e z - ú (везу) b_i e r - ú (беру) g n - ú
(гну) . . . | g r_i e b_i - ó t (гребётъ) p l_i e t_i - ó t (плетётъ) v_i e d_i-
-ó t ведётъ) n_i e s_i - ó t (несётъ v_i e z_i - ó t (везётъ) b_i e r_i - ó t
(беретъ) g n_i - ó t гнётъ) . . . .].

welche alle sich auf eine einzige allgemeine Correlation
zurückführen lassen:

$$PO \parallel PY$$

(wo bedeuten:

P . . . Palatalität, „Erweichung",

O . . . Mangel, Abhandensein [im gegebenen Falle der
Palatalität],

Y . . . Vorhandensein [im gegebenen Falle der Palatalität]).

Wenn mann diesen Process der Vertretung der Alternation $k \parallel \check{c}$, $g \parallel \check{z}$ durch die Alternation $k \parallel k_i$, $g \parallel g_i$ nur
oberflächlich betrachtete, könnte man schliessen, dass hier nur
ganz einfach der Schwund der Correlation oder der psychophonetischen Alternationen stattgefunden hat. Es würde dies jedoch
ein falscher Schluss sein. Von dem Schwunde dieser Correlation könnte man nur dann sprechen, wenn anstatt der Paare
$k \parallel k_i$, $g \parallel g_i$ die Paare $k \parallel k$, $g \parallel g$ entstanden wären, d. h. wenn
in allen Formen des Praesens ganz einfach eine vollständige
Ausgleichung (Uniformierung) durchgeführt würde. Dann aber
müsste dasselbe auch mit den anderen Consonanten geschehen,
d. h. es müssten nicht nur Formen «p_i e k - ó t », «t_i e k - ó t»,
«b_i e r_i e g - ó t»,« s t_i e r_i e g - ó t» . . . . sondern auch« g r i e b-
-ó t», «p l_i e t - ó t», «v_i e d - ó t», «n_i e s - ó t», «v_i e z - ó t»,

‹b̦ e r · ó t›, ‹g n - ó t› . . . entstehen. Unterdessen verhält
es sich hier ganz anders, und die Entwickelung der Formen
p̦ e k̦ - ó t, ț e k̦ - ó t, b̦ e r̦ e g̦ - ó t, s ț e r̦ e g̦ - ó t . . .
beweist gerade eine grosse Lebendigkeit der Correlation
$PO \parallel PY$ in dem Praesens dieses Typus der Verba.

Charakteristische Merkmale der Correlation und der Correlative.

1. Vom Standpunkte der anthropophonischen Causalität:
Die alternierenden Eigentümlichkeiten haften an den betreffenden Aussprachestellen
oder an den betreffenden Phonemen individuell, selbstständig, unabhängig.

2. Im gegebenen Zustande der Sprache
kann als Ursache der Alternation von phonetischer Seite nur Tradition (Überlieferung), nur socialer Verkehr, nur „usus" betrachtet werden. Wir haben von unserer Umgebung
und von unseren Vorfahren gelernt, so und so zu sprechen,
und eine solche Erklärung genügt vollkommen.

3. Die anthropophonischen Ursachen der
Alternation, ihr anthropophonischer causaler Zusammenhang liegen in der Vergangenheit der Sprache und können blos mit
Hülfe historisch-linguistischer Forschungen entdeckt werden. Einstmal wirkte hier eine anthropophonische Ursache, später aber hörte sie auf zu wirken
und jetzt wirkt sie schon gar nicht.

[Diese drei ersten charakteristischen Merkmale sind den
Correlativen mit den einfachen traditionellen Alternanten gemeinsam.]

4. Infolge einer sich stets wiederholenden Association von Vorstellungen entwickelte sich ein gewisser functioneller psychophonetischer Zusammenhang einer jeden

solchen Alternation mit psychischen Schattierungen, sei es mit Formschattierungen, mit morphologischen Schattierungen, sei es wieder mit Bedeutungsschattierungen, mit semasiologischen Schattierungen.

Bezeichnen wir:

das Phonem im allgemeinen mit . . . . . . $x,$

psychische Causalität im allgemeinen mit . . . $\psi,$

die in einem Correlationszusammenhange stehenden Phoneme mit . . . . $x', x'',$

die mit der Correlation verbundenen psychischen
Schattierungen mit . . . . $\psi', \psi'',$

die Abhängigkeit im allgemeinen mit . . . . f;

dann können wir die correlativische Abhängigkeit so ausdrücken :

$$x = f(\psi),$$

genauer

$$x' \parallel x'' = f(\psi' \parallel \psi'').$$

Anderseits, je nach dem die durch die Correlation unterschiedene psychische Schattierung endoglotter, inwendigsprachlicher, morphologischer (μ: $\mu' \parallel \mu''$), oder aber exoglotter, aussersprachlicher, semasiologischer (σ: $\sigma' \parallel \sigma''$) Natur ist, zerfällt die soeben angeführte Formel in zwei:

a) $$x = f(\mu)$$
oder $$x' \parallel x'' = f(\mu' \parallel \mu'');$$

b) $$x = f(\sigma)$$
oder $$x' \parallel x'' = f(\sigma' \parallel \sigma'').$$

Wir sehen also, dass Correlative oder psychophonetische Alternanten immer einer Verschiedenheit gewisser psychischer Schattierungen entsprechen. Anthropophonische Schattierungen und Unterschiede werden hier immer von den psychischen, sei es morphologischen, sei es semasiologischen, Schattierungen und Unterschieden begleitet.

5. Es folgt aus dem obigen, dass den Correlativen eine psychische, entweder morphologische oder semasiologische, Allgemeinheit und Ausnahmslosigkeit eigen ist.

Eine gewisse Correlation erstreckt sich ohne Ausnahme
auf alle Wörter gewisser Kategorie, z. B. in der Conjugation
aller Verba von einem gewissen Typus, in der Decli-
nation aller Nomina von einem gewissen Typus, auf
einem gewissen Gebiete der Wortbildung u. s. w.

6. Eine grössere oder geringere Verwandtschaft alternierender Phoneme ist dabei ganz gleichgiltig. Es möge sich nur eine psychophonetische Association zwischen den Vorstellungen gewisser anthropophonischer Arbeiten und zwischen den Vorstellungen gewisser psychischen Schattierungen, es möge sich nur
die Proportion

$$x' : x'' = \psi' : \psi''$$

befestigen, und dieses genügt vollkommen.

7. Die scheinbar phonetischen Wandlungen, welche sich auf dem Gebiete von
Correlationen vollziehen, stellen in der
Regel nicht eine Abstufung (Gradation), nicht
ein Vorrücken in einer gewissen anthropophonischen Richtung dar, sondern nur gewöhnlich vom anthropophonischen Standpunkte aus ganz unverständliche und selbst
sehr oft dem allgemeinen Gange historisch-
phonetischer Wandlungen widersprechen-
de Sprünge.

Eines von den am meisten eclatanten Beispielen dieser
Art bietet uns die oben angeführte Vertretung grossrussischer
$p_i e \check{c} - \acute{o} t$, $b_i e r_i e \check{z} - \acute{o} t \ldots$ durch $p_i e k_i - \acute{o} t$, $b_i e r_i e g_i - \acute{o} t \ldots$
oder die Entstehung der Imperative grruss. $p_i e k_i - i$ (пеки),
$b_i e r_i e g_i - i$ (береги), $p o m o g_i - i$ (помоги) . . . . anstatt der
früheren $p_i e c - i$ (пеци), $b_i e r_i e z - i$ (берези), $p o m o z - i$

помоѕи .., poln. piecz, pomóż... anst. der früheren *piec- (piec-y, *pomódz- (pomodz-y) ...

8. Weder bei den Divergenten, noch bei den traditionellen Alternanten kann von einer Übertragung der alternationellen Beziehung, kann von Neubildungen nach einem gewissen Typus die Rede sein. Das charakteristische Merkmal der Correlative dagegen ist gerade diese Möglichkeit der Entstehung von Neubildungen nach einem gewissen Typus, ist die Möglichkeit der Übertragung einer fertigen correlativischen Beziehung auf neue Worte, ist die Möglichkeit einer unaufhörlichen Reconstruction der Beziehung.

Diese Übertragbarkeit der correlativischen Beziehung kann

a) entweder im Bereiche von Wortgruppen eines gewissen Typus (semasiologische, lexicalische Übertragbarkeit),

b) oder im Bereiche morphologischer Kategorien stattfinden.

9. [Das aus der Verallgemeinerung einer ganzen Reihe von Correlativen entstandene Merkmal.] Bei den Divergenten konnten gewisse allgemeinmenschliche causale Beziehungen stattfinden. Bei den Correlativen ist allein die Befähigung, correlativische Beziehungen zu bilden, allgemeinmenschlich; die Einzelheiten aber tragen immer an sich einen zeitlichen und örtlichen Charakter.

10. [Das Merkmal genetischer Seite, das Merkmal, welches die Entstehungsweise der Correlative bei den einzelnen Individuen charakterisiert.] Zu den Divergenten gelangt jedes Individuum der betreffenden Sprachgenossenschaft von sich selbst, gelangt auf einmal, gelangt auf dem Wege unmittelbarer rein physiologischer Accomodation. Zur Entwickelung der Correlative aber gelangt jedes In-

d i v i d u u m n a c h u n d n a c h , e s g e l a n g t s t u f e n-
w e i s e , j e n a c h d e r H ä u f u n g u n d B e f e s t i g u n g
p s y c h o p h o n e t i s c h e r A s s o c i a t i o n e n i n s e i n e r
S e e l e .

Dabei sind die Correlationen, welche sich aus den eigensprachigen traditionellen Alternationen allein entwickelt hatten, von solchen zu unterscheiden, in denen wenigstens ein
Glied aus einer andern verwandten Sprache entlehnt wurde.

Die Correlationen, in denen ein Glied dem heimischen
Boden von Haus aus gehörte, das andere Glied aber entlehnt
ist, haben gewöhnlich eine semasiologische Aufgabe, d. h. sie
schattieren verschiedene Bedeutungsmodificationen. Das entlehnte Alternationsglied hat vorwiegend eine abstractere, eine
erhabenere, eine mehr literarische, mehr feierliche Bedeutung,
während dem heimischen Gliede eine concretere, eine mehr
alltägliche, eine gemeinere Bedeutung eigen ist So z. B.

poln. *h g* in h a ń b a | g a n i ć . h a r d y | g a r-
d z i ć . . . .
[insoweit hier überhaupt von einer entwickelten Correlation die
Rede sein kann];

grruss. *ra ' oro. ła ǀ oło. re . ere, le ǀ oło, ra- ǀ ro-,
šč ǀ č. žd ǁ ž, o „ O* in град гражданин | город горожа-
нин, глава главный голова головной, предок | передок,
плѣн плѣнить | полон полонить, раз-ум ǀ роз-ыск, равный
ровный, раб рабский | робкий робѣть, освѣщать просвѣ-
щеніе свѣча просвѣ'чивать. чуждый | чужой, рождать
рожать . . . . ;

franz. *k ǁ š* in c a u s e | c h o s e , c a n i c u l a i r e ǀ c h i e n ,
c a m p | c h a m p . . . . [insoweit hier überhaupt von einer
entwickelten, lebendigen Correlation die Rede sein kann].

Als ein höchst seltenes Beispiel der Entstehung einer
correlativischen oder psychophonetischen Alternation unter dem
Einflusse des Bewusstseins und der Willkür auf die gespro-
chene Sprache habe ich mir folgenden Fall verzeichnet:

Ich war nähmlich selbst Zeuge, wie in einer slovenischen Volksschule in der Provinz Görz im Karstgebierge die Kinder vom Lehrer gezwungen wurden, nicht nur beim Lesen, sondern auch beim Erzählen das der localen Mundart (wie sonst fast allen slovenischen Mundarten) eigene consonantische u (u̯) im Wort- und Silbenauslaute, in Uebestimmung mit der Schrift, durch l zu ersetzen, folglich d à l, b i l, p r ó s i l ... anst. d à u̯, b i u̯, p r ó s i u̯ .... auszusprechen. Da aber in derselben Mundart im An- und Inlaute ein mit dem polnischen, russischen und litauischen gleichlautendes ł existiert, welches ł der Lehrer selbst aussprach und den Kindern auszusprechen erlaubte, so begann in der Schulsprache dieser Kinder eine correlativische Alternation - ł - ‖ - l, anst. der der Haussprache derselben Kinder eigenen Correlation - ł - ‖ - u̯, sich allmählich zu entwickeln, d. h. es entstanden Paare d à ł a | d à l, b i ł a | b i l, p r o s i ł a | p r ó s i l, d é ł a ł a | d é ł a l ... anst. d à ł a | d à u̯, b i ł a | b i u̯, p r o s i ł a | p r ó s i u̯, d é ł a ł a | d é ł a u̯ ...

Selbstverständlich konnte eine auf eine so künstliche Weise eingeimpfte Correlation nur eine kurze Dauer haben und wich mit der Zeit der allgemeinherrschenden gewöhnlichen Correlation - ł - ‖ - u̯. Aber jemand, der nur diese Kinder gehört hätte und mit den Eigentümlichkeiten der localen Mundart nicht bekannt wäre, könnte daraus schliessen, dass eine solche Correlation, - ł - ‖ - l, in der gegebenen Ortschaft wirklich herrschte. Es lässt sich auch nicht leugnen, dass, wenn in einer Reihe von einigen Generationen die Kinder von den Lehrern zu einer solchen Aussprache, - l anst. -u̯, gezwungen wären, sich die Alternation - ł - ‖ - l endgiltig einwurzeln und historische Thatsache der Sprache werden könnte.

Schliesslich sind noch verschiedene, mit ihrem Anfang in die verschiedenen Perioden des Sprachlebens reichende Alternationsschichten zu erwähnen, welche abwechselnd die Rolle psychisch beweglicher, psychophonetischer Alternationen oder Correlationen gespielt haben. So haben wir z. B. im Polni-

schen mehrere Hauptschichten solcher Alternationen: *a*) gemeinsam arioeuropäischer Herkunft, *b*) gemeinsam slavischer Herkunft, *c*) correlativische Alternationen neuerer Herkunft, entstanden während der abgesonderten historischen Entwickelung
der polnischen Sprache und teilweise bis heutzutage mit dem
deutlichen psychischen Leben pulsierend.

Mit der Zeit verlieren die Correlationen ihre psychophonetische Geltung und kehren in den Zustand gewöhnlicher
traditioneller Alternationen zurück. Solche rudimentäre Correlationen könnte man mit den erloschenen Vulkanen vergleichen.

Dem „analytischen", d. h. durch eine decentralisierende
Tendenz auf dem Gebiete der Morphologie charakterisierten
Zustande der Sprachen sind morphologische Correlationen
fremd.

V. CAPITEL.

Traditionelle Alternationen.

In Anwendung nicht nur auf die Alternationen, sondern
auch auf alle anderen Manifestationen des Sprachlebens, müssen
ebenso phonetische, wie auch psychische Ursachen der Erscheinungen zu gleicher Zeit social sein, denn sie sind nicht
individuell phonetisch, nicht individuell psychisch, sondern nur
c o l l e c t i v - phonetisch, nur c o l l e c t i v - psychisch. Trotzdem
ist ihr „socialer" Charakter eine untergeordnete Sache; denn
sie bestehen nicht in einer einfachen Nachahmung und Wiederholung, sondern, einerseits, in den Eigentümlichkeiten
der psychischen Organisation, andererseits aber in den psychischen Bedürfnissen eines jeden zur betreffenden Sprachgenossenschaft gehörenden Individuums insbesondere.

Obgleich also ebenso Divergenten, wie auch Correlative
auch vom Standpunkte der traditionellen und socialen Causalität zu betrachten sind, so bleiben doch als ihre charakteri-

stischen Merkmale: bei den Divergenten – anthropophonische, bei den Correlativen aber – psychische Causalität. Unterdessen kann bei den rein traditionellen Alternanten einzig und allein von der traditionellen und socialen Causalität die Rede sein.

Wie oben erwähnt, ist die ursprüngliche Ursache des Hervorkommens aller Alternanten ohne Ausnahme immer nur anthropophonischer Natur. Es folgt daraus, dass rein traditionelle Alternanten nie ursprünglich sein können, sondern in dem historischen Nacheinander immer nur eine Fortsetzung neophonetischer Alternanten oder Divergenten sind, deren anthropophonische Ursache, als lebendiger Faktor, schon erloschen ist, da sie blos in der Vergangenheit wirkte.

Es müssen also folglich alle traditionellen Alternationen zu gleicher Zeit paläophonetisch sein.

Diesen sonst leicht verständlichen Satz wollen wir mit einigen Beispielen beleuchten.

Poln. r ó d | r o d - u, wo -t (d) ‖ -d- neophonetische Alternation oder Divergenz, u (ó) ‖ o aber traditionelle oder paläophonetische Alternation ist;

m r ó z | m r o z - u mit der Divergenz -s (z) ‖ -z- und traditioneller Alternation u (o) ‖ o;

m ą ż | m ę ż - a: Divergenz -š (ž) ‖ -ž-, traditionelle Alternation ą ‖ ę;

p l o t - ę | p l e ś - ć: o ‖ e und t ‖ ś — beide traditionelle Alternationen;

p ł a c i - | p ł a c - ę, r o d z i - | r o d z - ę: eine einzige, und zwar traditionelle Alternation, ći | c, dźi ‖ dz.

Nhd. g e b - e n | g a b: zwei Divergenzen, g_i ‖ g und -b- ‖ -p (b), und eine traditionelle Alternation, e ‖ a;

l a d - e n L a s - t: zwei traditionelle Alternationen, ā ‖ ă, d ‖ s (d als clusilis, s als spirans), und eine Divergenz, d ‖ s [wenn man diese Phoneme vom anderen Standpunkte betrachtet, nämlich d als stimmhaft oder media, s aber als stimmlos];

F r o s - t | f r i e r - e n, V e r - l u s - t | v e r - l i e r - e n v e r - l o r - e n: traditionelle Alternation s ‖ r.

F r o s - t | f r i e r - e n: traditionelle Alternation *o* ‖ *i* (*ie*),

V e r - l u s - t | v e r - l o r - e n: traditionelle Alternation *u* ‖ *o*,

v e r - l i e r - e n | V e r - l u s - t v e r - l o r - e n: traditionelle Alternation *i* (*ie*) $\frac{u}{o}$.

Aind. n ā m n - | n ā m a: traditionelle Alternation *n* ‖ *a*.

Vom Standpunkte der Anzahl historischer Evolutionen aus, welche von den gegenwärtigen traditionellen Alternationen im Verlaufe von Jahrhunderten durchgemacht wurden, kann man sie alle (d. h. traditionelle Alterationen) in zwei grosse Gruppen teilen:

1) Einige von ihnen haben sich direkt aus den Divergenzen entwickelt, d. h. sie sind Fortsetzung von Divergenzen oder neophonetischen Alternationen, welche, nachdem sie ihre lebendige anthropophonische Ursache verloren hatten, *eo ipso* in die Reihe paläophonetischer oder traditioneller Alternationen übergegangen sind;

2) andere wieder haben eine viel reichere Vergangenheit: eine ursprüngliche Divergenz wurde einstmal zur traditionellen Alternation, darauf wurde diese traditionelle Alternation zum Ausdrucke gewisser psychischer Schattierungen utilisiert, d. h. sie wurde zur Correlation, bis endlich ihre Association mit psychischen Schattierungen nach einer gewissen Zeit vergessen wurde, so dass die gegebene Alternation aus dem Correlationszustande in den Zustand einer einfachen traditionellen Alternation zurückgekehrt ist.

1) Beispiele traditioneller oder paläophonetischer Alternationen, welche direkt von den neophonetischen Alternationen oder Divergenzen stammen:

a) Die durch eine palatalisierende oder dispalatalisierende Accomodation, d. h. durch „Erweichung" oder „Verhärtung", einstmal hervorgerufenen Alternationen:

poln. *š* ‖ *x* (*ch*) [s z e d - ł | c h o d z - i . . .],

5*

$ć \parallel t$ [ciek- ciec | tok; cięż-ki ciąż-a | tęg-i
ws-tąż-ka . . .],

$b \parallel b'$ [br-ać | bior-ę bierz-e . . .],

$o \parallel e$ [bior-ę | bierz-e, nios-ę | niesi-o . . .],

$a \parallel e$ [świat | świec-i . . .].

b) Die u. a. dem Lateinischen, einigen germanischen
Sprachgebieten, dann dem Tschuwaschischen eigene Alternation

$$s \parallel r.$$

c) Alternation eines bestimmten Phonems mit Null oder
mit dem Mangel jeglichen Phonems; z. B. poln. $e \parallel 0$ [pies
ps-a, sen | sn-u . . .], $0 \overset{e}{\underset{o}{}}$ [br-ać | bierz-e
bior-ę . . .].

2) Beispiele traditioneller Alternationen, in deren Vergangenheit drei Evolutionen da liegen: von den Divergenten zu
traditionellen Alternanten, von den traditionellen Alternanten
zu Correlativen, von Correlativen wieder zu traditionellen Alternanten:

Die allen arioeuropäischen Sprachen eigene Alternation

$$e \parallel o,$$

welche einige Zeit u. a. den Unterschied zwischen den primären Verben und zwischen den Nomina eines gewissen Typus
charakterisierte

[bis heutzutage z. B. im Polnischen in der Gestalt $_{\prime}e$, $\overset{\prime e}{\underset{\prime o}{}} \parallel o$:

grzebi-e grzeb-ę | grob-, ciecz-e ciek-ę | tok-,
wlecz-e wlok-ę włok-, pleci-e plot-ę|płot-...].

Alternationen des Polnischen und der anderen slavischen
Sprachen in der Art $0 \parallel i$, $0 \parallel y$ [pn-ę | pin-a, czt-ę |
czyt-a . . ., tk-a | tyk-a, tch-nę | dych-a . . .].

Polnische Alternation $o \parallel u$ (ó) [chod- chód . . .].

Alternationen des Neuhochdeutschen in der Conjugation
der sogenannten „starken" Verba, z. B. i, $e \parallel a$ [bind-e |

b a n d , g e b - e | g a b . . . .], $\genfrac{}{}{0pt}{}{i,\ e}{a}$ u , o $\left(\genfrac{}{}{0pt}{}{in}{an}\ un,\ \genfrac{}{}{0pt}{}{er}{ar}\ or\right)$

[b i n d - e b a n d | g e - b u n d - e n , w e r f - e w a r f | g e - w o r f - e n . . .].

Wenn wir wieder jenen höchst wichtigen Umstand in Erwägung ziehen, dass zu den der betreffenden Sprachgenossenschaft eigenen Correlationen jedes Individuum für sich, auf eigene Hand, durch eigene Arbeit gelangen muss, dann aber, dass in einigen Individuen das Gefühl der Correlation ganz unentwickelt bleiben kann, so ergiebt sich, dass alle jene im IV. Capitel erwähnten correlativischen oder psychophonetischen Correlationen für diese Individuen ihres correlativischen Charakters entblösst sein oder, mit anderen Worten, zur Kategorie reiner traditioneller Alternationen gehören können.

Es mögen bedeuten:

x . . . ein Phonem im allgemeinen,

$x' \parallel x''$ . . . eine Alternation der Phoneme im allgemeinen,

π . . . den Factor der Tradition und des socialen Verkehrs[1]),

ψ . . . den psychischen Factor im allgemeinen,

$\psi' \parallel \psi''$ . . . Alternation der mit der Phonemenalternation associierten (verbundenen) psychischen Schattierungen;

dann wird die Correlativenformel folgende Gestalt annehmen:

$$x' \parallel x'' = fm\,\pi + fn\,(\psi' \parallel \psi''),$$

wo die Coëfizienten m und n einen veränderlichen Wert haben, je nach der Stärke des betreffenden Factors, je nach der Stufe der Einprägung ins Gedächtnis sei es der einfachen Association mit den betreffenden Worten [bei $m\pi$], sei

---

[1]) Es ist wohl ganz überflüssig zu bemerken, dass dieses Symbol π mit dem in der Mathematik gebrauchten und das Verhältnis der Kreisperipherie zum Durchmesser ausdrückenden π nichts gemein hat.

es der Association mit der Alternation psychischer Schattierungen [bei $n(\overset{\cdot}{\smile} \| \overset{\cdot}{\smile}'')$].

Die Grenzen (*limites*) der veränderlichen Werte sind:

$$0 \text{ und } N \ldots \text{ bei } n,$$
$$0 \text{ und } M \ldots \text{ bei } m.$$

wo N, M das *maximum* der Stärkesteigerung bedeuten. Es sind also eigentlich

$$n = {}_0n^N,$$
$$m = {}_0m^M.$$

Nun, wenn wir annehmen, dass bei dem betreffenden Individuum

$$n(\overset{\cdot}{\psi}' \| \overset{\cdot}{\psi}'') = 0,$$

so erhalten wir

$$x' \| x'' = fm\pi,$$

d. h. anstatt einer Correlation erhalten wir eine einfache traditionelle Alternation.

Merkmale traditioneller Alternationen.

1. **Die alternierenden Eigentümlichkeiten haften an den betreffenden Aussprachestellen, d. h. an den betreffenden Phonemen, individuell, selbstständig, unabhängig.**

Wenn bei den Divergenten die Abhängigkeit von ihren Ursachen mit der Formel

$$x' \| x'' = f\,n(\varphi' \| \varphi'')$$

und bei den Correlativen mit der Formel

$$x' \| x'' = fm\pi + f\,n(\overset{\cdot}{\psi}' \| \overset{\cdot}{\psi}'')$$

ausgedrückt werden kann, so darf bei den traditionellen Alternanten blos von

$$x' \| x'' = fm\pi$$

die Rede sein.

2. Man sieht also. dass im gegebenen Zustande der Sprache nur Tradition (Überlieferung), nur socialer Verkehr, nur „usus" als Ursache der Alternation betrachtet werden können. Wir haben von unserer Umgebung und von unseren Vorfahren gelernt, so und so zu sprechen, und eine solche Erklärung genügt vollkommen. Wir können keine individuelle Veranlassung zur Bewahrung der betreffenden Alternation aufweisen.

3. Die anthropophonischen Ursachen der Alternation, ihr anthropophonischer causaler Zusammenhang liegen in der Vergangenheit der Sprache und können blos mit Hülfe historisch-linguistischer Forschungen entdeckt werden. Einstmal wirkte hier eine anthropophonische Ursache. jetzt aber hörte sie auf zu wirken.

Diese drei ersten Merkmale sind den einfachen traditionellen Alternanten mit den Correlativen gemeinsam.

4. Psychische Associationen, auf die sich die Erhaltung traditioneller Alternationen stützt, befinden sich in einer ununterbrochenen Collision mit den Bestrebungen nach der Beseitigung der weder durch die individuellen anthropophonischen Tendenzen, noch durch die individuellen psychischen Bedürfnisse gerechtfertigten phonetischen Unterschiede. Eine solche Collision führt entweder zur Entstehung einer correlativischen Bedeutung in der betreffenden traditionellen Alternation, d. h. zur Vertretung des Zusammenhanges

$$x' \parallel x'' = fm\pi$$

durch den Zusammenhang

$$x' \parallel x'' = fm\pi + fn\ (\overset{\shortmid}{\underset{\shortmid}{\psi}}' \parallel \overset{\shortmid}{\underset{\shortmid}{\psi}}''),$$

oder zur Entwickelung einer festen Tendenz nach Beseitigung der Unterschiede, nach Ausgleichung (Uniformierung), d. h. nach der Substituierung in der Alternation

$$x' \parallel x''$$

sei es des x' anstatt x'', sei es, umgekehrt, des x'' anstatt x', was jedenfalls

$$x' \rightleftharpoons x'' \qquad\qquad \text{ergiebt.}$$

VI. CAPITEL.

Fremdsprachige, d. h. unter dem Einflusse einer anderen Sprache entstandene Alternationen.

Die Correspondenzen oder die Formentsprechungen in verschiedenen Sprachen haben keine einheitlichen Träger, haben keine einheitlichen psychischen Substrate, mit Ausnahme etwa des besonderen Falles, wo eine und dieselbe Person beide Sprachen spricht, auf deren Correspondenzen wir unsere Aufmerksamkeit lenken. Es ist aber auch möglich, dass selbst ohne diese Bedingung, d. h. ohne die Bedingung des Gesprochenwerdens durch eine und dieselbe Person, die Correspondenz zu einer lebendigen, d. h. nicht nur historischen, sondern zugleich psychophonetischen, wird. — Dieses findet bei der Entlehnung aus den Nachbarsprachen statt, welche in einer nahen historischen Verwandtschaft mit der betreffenden entlehnenden Sprache stehen. So z. B. bei der Entlehnung aus den russischen Mundarten in die polnischen und umgekehrt, aus den slavischen Mundarten ins Litauische und umgekehrt, aus den altitalischen Dialekten in die lateinische Sprache und umgekehrt, u. s. w. — Dasselbe kommt auch dann vor, wenn von einer geographischen Nachbarschaft keine Rede sein kann. dafür aber eine literarische, eine culturelle Nachbarschaft existiert. Hieher gehören z. B. die Entlehnungen aus dem Lateinischen ins Französische und in die anderen

romanischen Sprachen, dann die Entlehnungen aus dem Kirchenslavischen ins Russische und in die anderen slavischen
Sprachen, u. ä.

Auf diese Weise entsteht eine lebendige, von den sprechenden gefühlte phonetische Entsprechung oder Correspondenz.

Wenn aber eine sich stätig wiederholende Art und Weise der Entlehnung aus einer Sprache in die andere ein leben-
diges Correspondenz- oder Entsprechungsgefühl entwickeln
kann, so sind auch möglich:

a) die Entlehnung aus einer nah verwandten Sprache
der ihr eigenen paläophonetischen Alternationen;

b) die Entstehung einer lebendigen Beziehung etymologischer Verwandtschaft zwischen gewissen Morphemen in ihrer
heimischen Form und zwischen denselben Morphemen in ihrer
entlehnten Form; eine solche Beziehung könnte man Co r -
r e s p o n d e n z - A l t e r n a t i o n (Entsprechungs - Nebeneinander) nennen.

Selbstverständlich pflegen derartige Entlehnungen und
gegenseitiger Austausch nur zwischen den nah verwandten
Sprachen stattzufinden, wie zwischen dem Polnischen und
Czechischen, dem Polnischen und Kleinrussischen, dem Ser-
bischen und Bulgarischen, dem Russischen und Kirchenslavischen, dem Französischen und Lateinischen, dem Lateinischen
und anderen altitalischen Dialekten, u. s. w. Denn ohne diese
Bedingung einer nahen Verwandtschaft kann es in zwei Sprachen keine genügende Anzahl von den eine stätige etymologische oder phonetisch-psychische Entsprechung zeigenden Morphemen geben, eine Anzahl, welche genügt, um, im Falle der
Entlehnungen aus einer Sprache in eine andere, in der entlehnenden Sprachgenossenschaft das Gefühl einer durchgehenden
Entsprechung zu entwickeln, und ein solches Gefühl ist für
die Erkennung irgendwelcher Alternation unbedingt nötig.

Als Beispiel einer inbetreff ihrer Herkunft ganz fremdsprachigen Alternation, d. h. einer solchen Alternation, deren
beide Glieder aus einer fremden Sprache entlehnt wurden,
kann die polnische, aus dem Czechischen entlehnte, Alternation

h ǁ *z* [in b ł a h - y ǀ b ł a z - e n . . .] dienen. Als Beispiele der
in dieser Hinsicht gemischten Alternationen aber, d. h. solcher,
deren ein Glied auf dem heimischen Boden emporwuchs, das
andere aber entlehnt wurde, können angeführt werden: poln.
g ǁ *h* [g a n - i ć ǀ h a ń - b a, g a r d z - i ć ǀ h a r d - y, b ł o g - i
b ł a h - y . . .]. poln. *ło* ǀ *ła* [b ł o g - i ǀ b ł a h - y b ł a z -
- e n . . .], lat. *b* ǀ *f* [r u b - e r ǀ r u f - u s . . .], franz. *š* ǁ *k*
[c h o s e ǀ c a u s e, c h a m p ǀ c a m p . . .] und andere derartige Doubletten, welche teils vom Volke selbst in ihrem
etymologischen Zusammenhange gefühlt, teils aber nur durch
eine auf denselben bewerkstelligte Concentrierung der, vom
wissenschaftlichen Denken gelenkten, theoretischen Aufmerksamkeit entdeckt werden.

Verschiedenartige, infolge einer Entlehnung entstandene
Alternationen kann man ausgezeichnet an der russischen Schriftsprache studieren, denn diese Sprache unterlag in einer ziemlich langen Zeit einem starken Einflusse des Kirchenslavischen
und folglich verdankt sie dem Kirchenslavischen auch eine
bedeutende Anzahl von Alternationen.

In Übereinstimmung mit dem oben Gesagten sind vor
allem zwei Hauptkategorien derartiger im Russischen vorkom-
mender Alternationen zu unterscheiden:

1) Alternationen vollständig kirchenslavischer Herkunft,
2) gemischte, halb kirchenslavische, halb russische Alternationen.

Die Alternationen der zweiten Kategorie sind viel zahlrei-
cher, als die der ersten. Ausserdem kann, mit Rücksicht auf
die phonetische Identität eines Gliedes einer in ihrer Herkunft
vollständig kirchenslavischen Alternation mit dem entsprechenden Gliede einer heimischen, rein russischen Alternation, oft-
mals Zweifel entstehen, ob eine gewisse Alternation ihrer Herkunft nach als eine rein kirchenslavische, oder als eine gemischte zu betrachten sei.

Beispiele von vollständig aus dem Kirchenslavischen entlehnten russischen Alternationen:

a) *ti* ‖ *šč*, *di* ‖ *žd* in о-свѣти́-ть | о-свѣщ-а́ть, роди́-ть | рожд-а́ть . . . .

Die entsprechenden heimischen Alternationen sind *ti* ǀ *č*, *di* ‖ *ž* in свѣти́-ть | свѣч-у́, роди́-ть | рож-а́ть . . . .

In beiden Alternationsarten sind die ersten Glieder vollkommen gleich, die zweiten aber verschieden. Kein russische *šč*, *žd* sind auf eine andere Weise entstanden und bilden Glieder von anderartigen Alternationen: *sk* ‖ *šč* [иск-а́ть | и́щ-ет, писк- | пищ-и́т...], *sti* ‖ *šč* [пусти́-ть | пущ-у́, свист-и́т свищ-у́...]; *žīd* ∷ *žd*, *žd* ⁚ *žīd* [жд-а́ть | о-жид-а́ть ..., вражд-а́ ⟵ вражьд-а...].

Zur Kategorie der aus dem Kirchenslavischen entlehnten Alternationen gehören auch $^{t}_{\quad ,}$ *šč* in пит-а́ть | пи́-ща, клевет-а́ть | клевѐщ-ет..., *tvi* ‖ *ščvl'* in у-мертви́-ть | у-мерщвл-я́ть..., *stri* ‖ *ščŕ* in из-остри́-ть | из-остр-я́ть . . . . $^{z}_{\quad ž}$ *žd* in $^{из-}_{\quad жив-}$ иждив-е́ніе, $^{воз-}_{\quad жел-а́ть}$ вожделѣ́нный...[1])

---

[1]) Dabei ist der Mangel eines Parallelismus zwischen *šč* und *žd* auffallend. — Warum nicht entweder *št*, wie *žd*, oder *ždž*, wie *ščž* — Es ist nicht schwer darauf zu antworten. In den kirchenslavischen Denkmälern gab es ein Abkürzungszeichen ⱳ anst ⱳт. Dieses, als ein einfacher Buchstabe aussehendes, Zeichen wurde als *šč* in solchen Worten ausgesprochen, in denen dieses *šč* auf dem heimischen Boden der russischen Sprache ohne den kirchenslavischen Einfluss entstanden ist, d. h. in den Worten, wie пущ-у́, и́щ-ет, пищ-и́т... Es war nichts natürlicheres, als dass man dieselbe Aussprache auch auf die aus den kirchenslavischen Denkmälern direkt entlehnten Worte mit dem Buchstaben ⱳ, also auf die Worte in der Art von освѣщать, просвѣще́ніе, совращать, прекращать, пи́ща, умерщвля́ть.., und nicht «освѣштать», «просвѣште́ніе».... erstreckt hatte, trotzdem dass diese zweite Aussprache, mit *št*, dem Kirchenslavischen selbst eigen war. Etwas anders verhält es sich mit *žd*. In den kirchenslavischen Denkmälern fand man kein Abkürzungszeichen anst. жд. in der Art von ⱳ anst. ⱳт, und es ist darum keinem Russen eingefallen, die Wörter рождать, рождество́, ограждать, убѣждать, иждиве́ніе, вожделѣ́нный.... anders als mit *žd* auszusprechen.

b) *sk* ‖ *st* in блѣск (блескъ) | блист-а'ть блест-ѣ'ть....

c) *er* ‖ *ra* in мёрз-кій | мраз. смерд-ѣ'ть | смрад, верт--ѣ'ть | врат-á врат-и'ть вращ-áть ...

l'e ‖ *la* in влек-ý влечь -влек-áть | влач-и'ть óб-лак-о...

Als Beispiele gemischter Alternationen des Russischen, d. h. solcher Alternationen, in denen ein Glied sich auf dem heimischen Boden entwickelt hatte, das andere aber aus dem Kirchenslavischen entlehnt wurde, können wir folgende Alternationen anführen:

a) *g* ‖ γ (*h*) in gospod'ín (господинъ) | γospód' (Госпóдь : Госпóдь Бóгъ), gosudár (государь : ми'лостивый государь) | γosudár (Государь), bogátyj (богáтый) | bóγa (Бóга)....

Daraus darf nicht geschlossen werden, dass im Kirchenslavischen selbst auch γ [*h*, d. h. stimmhaftes *х* (*ch*) oder spirantisches *g*] ausgesprochen wurde. Im Gegenteil, da den Slaven der Balkanhalbinsel das *g* eigen ist und die kirchenslavische Schriftsprache auf der Balkanhalbinsel ihren Anfang nahm, so müssen wir annehmen, dass auch dieser Sprache die Aussprache *g* eigen war. Aber die kirchenslavische Sprache drang durch Kijew und überhaupt durch Kleinrussland nach Grossrussland hinein, und die kleinrussischen Geistlichen und Gelehrten haben dem Kirchenslavischen eben in diesem Punkte ihre eigene Aussprache aufgedrängt, d. h. sie fiengen an, den Buchstaben г als γ (*h*) auszusprechen. Nun begann die von der geistlichen Akademie zu Kijew und von dem damaligen Centrum der Orthodoxie sanctionierte Aussprache als eine musterhafte und für ganz Russland, sowohl für Kleinrussland, wie auch für Grossrussland, obligatorische zu gelten. Darum pflegen die russischen orthodoxen Geistlichen beim Lesen γ beständig auszusprechen; darum auch haftet diese Aussprache an den aus dem Kirchenslavischen ins Russische entlehnten und als solche gefühlten Worten.

Selbstverständlich kann von dieser Alternation, *g* ‖ γ, nur in der Aussprache derjenigen Grossrussen die Rede sein, in deren Muttersprache das *g* vorkommt. Wo aber, wie z. B. in

Weissrussland und in vielen anderen Teilen des grossrussischen Sprachgebietes, das γ (*h*) einzig und allein ausgesprochen wird, dort ist von dieser Alternation keine Spur zu entdecken.

b) *ó* ‖ *é* in solchen Fällen, wo sich auf dem heimischen Boden des Grossrussischen ein *ó* entwickeln musste, und wo, nur dank dem Einflusse der Schrift und dem Wunsche, die einzelnen Buchstaben in Übereinstimmung mit ihrem alphabetischen Namen auszusprechen, in den dem Kirchenslavischen entlehnten Worten *é* ausgesprochen wird, was zur Entstehung der Alternation *ó* ‖ *é* Anlass gab [*ó* rein russischer, *é* aber kirchenslavischer Herkunft]. Z. B.:

in den wurzelhaften Morphemen: нёб-о | нéб-о, о-дёж-а о-дéжд-а, мёрт-вый | с-мéрт-ный, мёрз-нуть | мéрз-кiй, на-пёрст-окъ | пéрстъ...;

in den Suffixen: -*óž-* ‖ -*éž-* [граб-ёж пад-ёж.... | мят-éж пад-éж....], -*óv-a* ‖ *év-a* [Eigenn. Корол-ёва | корол-éва...], -*ónn-* ‖ -*énn-* [почт-ённ-ый соверш-óнн-ый освящ-óнн-ый влюбл-ённ-ый.... | почт-éнн-ый соверш-éнн-ый преосвящ-éнн-ый незабв-éнн-ый....], -*ó* ‖ -*é* -*e* [*t'jó* ‖ -*t'ijé*, -*ńjó* -*eńjó* -*ńje* -*éńje*: житьё-бытьё | жи-тiе бы-тiе, вра-ньё жра-ньё лга-ньё | писá-нiе послá-нiе заклá-нiе, введ-еньё (dialekt.) | введ-éнiе явл-éнiе вознес-éнiе воздви́ж-снiе...].

In diesem letzten Falle, -*ó* ‖ -*é* -*e* [-*t'jó* ‖ *t'ijé*, -*ńjó* -*eńjó* -*ńje* -*éńje*], erschien das -*ó* auf dem russischen Boden nicht infolge eines phonetischen Processes, sondern nur durch eine morphologische Assimilation ("Analogie") an die anderen Substantiva desselben Typus. In allen anderen Fällen aber entwickelte sich das russische -*o*- aus einem kurzen, dem gemeinsamslavischen *ĕ* od. *ĭ* entsprechenden *ĕ* vor den "harten" oder nicht-palatalen Consonanten.

c) *č* ‖ *šč*, *ž* ‖ *žd*:

in den Wurzeln: свѣч-á | о-свѣщ-áть, ворóч-ать | вращ-áть, рож-áть | рожд-áть, хож-ý | хожд-éнiе, чуж-óй чу́жд-ый...

in den Suffiven: -*uč-* -*ač-* | -*ušč-* -*ašč-*: дрем-ýч-iй плов-ýч-iй пах-ýч-iй кип-ýч-iй | дрéмл-ющ-iй плыв-ýщ-iй кип-

-я'щ-ій.... гор-ю'ч-ій кол-ю'ч-ій вон-ю'ч-ій | кол-ю'щ-ій воня'-
-ющ-ій.... гор-я'ч-ій вис-я'ч-ій сто-я'ч-ій | гор-я'щ-ій вис-я'щ-
-ій сто-я'щ-ій ...

d) -oro- ‖ -ra-, -olo- ‖ -la-, -ere- ‖ -re-, -olo (-ele-) ‖ -le-,
ro- *ra*-: ворот- | врат-, город- ‖ град-, норов- | прав-, сто-
рон- | стран-, порох- | прах-... , голов- | глав-, молод- ‖
млад-, волок- | влак-, солод- | слад-...., берем- ‖ брем-,
берег- | брег-, веред-, вред-, серед- ‖ сред-, перед- ‖ пред-,
пере- | пре-, черед- ‖ -пред-..... волок- | влек-, молок- ‖
млек-, полон- | плѣн-..... раб- | роб-, ров- ‖ рав-, роз- ‖
раз-, рост- | раст....

e) O, o in с-бор со-бóр, в головѣ' (im Kopfe) в гла-
вѣ' (im Capitel) | во главѣ' (an der Spitze)....

Die gemischten Alternationen konnten sich kraft des
Denkprocesses gebildet haben, welcher an die mathematische
Schlussfolgerung erinnert: „zwei einer dritten Grösse
gleichen Grössen sind untereinander gleich"
oder „zwei einer dritten Grösse ähnlichen
Grössen sind einander ähnlich".

Stellen wir z. B. eine auf dem heimischen Boden entstandene grossrussische Alternation ti, $č$ [vărótĭ- (вороти-) ‖ vý-
răč-ú (вороч-у)....] und die Alternation kirchenslavischer Her-
kunft, ti $šč$ [sўvratĭ'í- (соврати-) | sўvrăšč-ú (совращу)....],
zusammen. In diesen beiden Alternationen haben wir ein ge-
meinsames Glied, ti, mit welchem in der heimischen Alternation $č$, in der fremdsprachigen aber $šč$ alterniert. Wenn wir
die oben angeführte mathematische Schlussfolgerung nachah-
men, können wir sagen: Zwei psychophonetische
Grössen (d. h. zwei Phoneme oder zwei Pho-
nemengruppen), welche mit einer dritten alternieren, alternieren auch untereinander.
Im gegebenen Falle erhalten wir die zweisprachige Alternation
$č$ ‖ $šč$, und wirklich findet diese Alternation im Grossrussischen
eine ausgedehnte Anwendung.

Aus dem Obigen ist ersichtlich, dass, vom Standpunkte
der Geschichte interethnischer Beziehungen, die paläophone-

tischen, sei es einfach traditionelle, sei es korrelativische, d.
h. psychisch bewegliche, Alternationen von zweierlei Art sein
können:

1) Einige von ihnen lassen sich durch die Entwickelung
der betreffenden Sprache selbst, unabhängig von fremden Einflüssen erklären Solche Alternationen entwickelten sich auf
dem heimischen Boden, dank der sprachlichen Thätigkeit der
betreffenden Sprachgenossenschaft.

2) Andere wieder entstanden infolge des Einflusses einer
fremden Sprachgenossenschaft, d. h. infolge der Entlehnung
aus einer anderen nah verwandten Sprache einer ganzen Kategorie von Wörtern, welche die zur gewissen Alternation gehörenden Phoneme enthalten.

Hier sind zwei Wege möglich: *a)* entweder mündlicher
Verkehr, *b)* oder der Einfluss eines fremden Schrifttums.

Die unter dem fremden Einflusse entstandenen Alternationen können von zweierlei Art sein: 1) entweder wurde die
ganze Alternation, d. h. ihre beiden Seiten (Glieder) entlehnt,
2) oder nur eine Seite wurde entlehnt, die andere aber ist
heimisch.

In der in betreff der Alternationen einheitlichen Sprachgenossenschaft entstanden alle ihr eigenen Alternationen infolge eines ursprünglichen anthropophonischen Impulses im
Schosse derselben Sprache. Anders verhält es sich in der in
dieser Hinsicht gemischten Sprachgenossenschaft. Hier kann
es, was den ursprünglichen anthropophonischen Impuls betrifft,
1) einsprachige, 2) zweisprachige Alternationen geben. Einsprachige Alternationen konnten mit ihren beiden Seiten (Gliedern) *a)* entweder in der eigenen Sprache, *b)* oder in der
fremden Sprache, aus welcher sie entlehnt wurden, enstanden
sein. Anders gesagt, es kann folgende Alternationen geben:

1) einsprachige heimische oder eigensprachige,

2) einsprachige fremde oder fremdsprachige,

3) zweisprachige oder eigenfremdsprachige.

Nur bei den ersten kann gefragt werden, ob ihre ursprüngliche anthropophonische Ursache noch im gegebenen

Zustande der Sprache wirke, oder ob sie blos in der Vergangenheit gewirkt habe. Wo wir aber mit der Fremdsprachigkeit zu thun haben, ist eine ähnliche Frage vollkommen ausgeschlossen.

Sowohl paläophonetische eigensprachige, als auch fremdsprachige Alternationen können

1) entweder eine rein traditionelle Causalität haben,

2) oder auch zugleich zu psychischen, sei es morphologischen, sei es semasiologischen, Zwecken utilisiert sein.

Charakteristische Merkmale fremdsprachiger Alternationen.

1., 2., 3. Die drei ersten charakteristischen Merkmale sind dieselben, wie bei den traditionellen Alternationen und bei den Correlationen. Dazu gehören noch das 4. und 5. Merkmal:

4. Die ursprünglichen anthropophonischen Ursachen des Übergangs eines einstmal einheitlichen Phonems in den Zustand der keimenden (embryonalen) und dann auch der sichtbaren neophonetischen Alternation oder Divergenz, wie auch die anthropophonischen Ursachen der weiteren Umgestaltung der Divergenz in eine traditionelle Alternation sind nicht bei der betreffenden Sprachgenossenschaft, sondern entweder gänzlich bei einer von den verwandten Sprachgenossenschaften (nämlich bei derjenigen Sprachgenossenschaft, von welcher die betreffende Alternation entlehnt wurde), oder zur Hälfte bei der betreffenden entlehnenden, zur Hälfte aber bei derjenigen Sprachgenossenschaft zu suchen, von welcher eins von den Alternationsgliedern entlehnt wurde. So entstanden z. B. die russischen Alternationen *di ‖ žd*, *ti ‖ šč* nicht auf dem russischen Sprachgebiete selbst, sondern auf der Balkanhalbinsel, bei den dortigen Slaven; die russ. Al-

ternationen *ž* ‖ *žd*, *č* ‖ *šč* aber wurzeln mit einem ihrer Glieder in der Vergangenheit der russischen Sprache selbst und mit dem anderen Gliede in der Vergangenheit der Slaven der Balkanhalbinsel, — denn eben auf diesem Sprachgebiete hat sich die kirchenslavische Sprache ursprünglich gebildet.

5. Die, sei es gänzlich, sei es nur zur Hälfte, entlehnten Alternationen können in ihren anthropophonischen Ursachen nicht erklärt werden. Was aber ihre neophonetische Seite betrifft, so unterliegen die eine entlehnte Alternation bildenden Phoneme den heimischen Forderungen der betreffenden Epoche. Die „Lautgesetze" der betreffenden Epoche sind ebenso für die urheimischen, wie auch für die naturalisierten oder entlehnten Phoneme und Alternationen gleichmässig obligatorisch.

Das 4. charakteristische Merkmal traditioneller Alternationen ist nur denjenigen entlehnten Alternationen eigen, welche im Bereiche rein traditioneller Alternationen geblieben sind, ohne für die psychischen Zwecke utilisiert zu werden. Hat aber eine solche Utilisierung stattgefunden, dann sind auch den entlehnten Alternationen die für die Correlationen oder psychophonetischen Alternationen charakteristischen Merkmale 4., 5., 6., 7., 8., 9. und 10. eigen.

VII. CAPITEL.

Keimende (embryonale) Alternationen.

Wie in der Natur im allgemeinen, so sollen wir auch in der Sprache makroskopische, d. h. sofort ohne grosse Schwierigkeiten bemerkbare, Erscheinungen von den mikroskopischen, d. h. nur bei besonderer Anstrengung der Aufmerksamkeit bemerkbaren, unterscheiden.

Dieser Unterschied der „Makroskopität" und „Mikroskopität" bezieht sich gleichmässig auf die untersuchten Grössen selbst, wie auch auf die zwischen ihnen vorkommenden

Unterschiede. Im ersten Falle können die Grössen selbst, z.
B. gewisse Körper, gewisse Eindrücke, gewisse Vorstellungen,
entweder gleich sichtbar, makroskopisch sein, oder erst nach dem
Gebrauche gewisser vergrössernder Mittel der Wahrnehmung
zugänglich werden. Im zweiten Falle aber kann der Unterschied zwischen beiden zu vergleichenden Grössen entweder auf
den ersten Blick klar und sichtbar, oder auch scheinbar ver-
schwindend, unendlich klein sein und erst nach dem Gebrauche
vergrössernder Instrumente, oder wenigstens nach der gehö-
rigen Verdichtung und Anstrengung der Aufmerksamkeit, in
die Augen springen.

Aus diesem Grunde müssen wir neben den k l a r e n
u n d l e i c h t b e s t i m m b a r e n A l t e r n a t i o n e n auch
A l t e r n a t i o n e n m i t m i n i m a l e n U n t e r s c h i e d e n,
k e i m e n d e A l t e r n a t i o n e n annehmen.

Selbstverständlich soll es sich dabei nicht um die Be-
friedigung einer einfachen Neugier oder um eine zwecklose
Übung des Unterscheidungsvermögens handeln, sondern um
die Feststellung der Uranfänge der Wirkung anthropophonischer Causalität. In eben diesen Stadien sehen wir den
ursprünglichen Einfluss verschiedener, das Keimen der Unterschiede verursachender phonetischer Bedingungen, und jene
Unterschiede, indem sie sich stufenweise vergrössern, führen
endlich zur Spaltung in zwei oder mehrere deutlich unter
einander sich unterscheidenden Grössen, zur Spaltung dessen,
was einstmal einheitlich war.

Gestützt auf die Erforschung anderer, schon fertige Resultate des Einflusses verschiedener anthropophonischer Bedingungen enthaltender, Sprachzustände, soll man seine Aufmerksamkeit auf ähnliche Bedingungen in dem zu untersu-
chenden Zustande der betreffenden Sprache lenken, wenn
auch auf den ersten Blick keine bemerkbaren Unterschiede
durch diese Bedingungen hervorgerufen werden.

Wenn ein solches Nachdenken und Constatieren (Fest-
stellen) keimender Alternationen sonst keinen anderen Nu-
tzen brächte, so sollte es doch schon aus dem Grunde nicht

gering geschätzt werden, dass es auf die Möglichkeit der
Wandlungen (Änderungen) hinweist und eine Aufforderung
zu den mikroskopisch-linguistischen, rein objectiven Forschungen in sich enthält, wo wir nicht mehr subjectiven, durch
die Erscheinungen auf unsere unbewaffneten Sinne gemachten
Eindrücken trauen, sondern zu den physischen, akustisch und
optisch objectiven, Apparaten Zuflucht nehmen.

Hier kann man allerdings ganz unabhängig von der etymologischen Verwandtschaft der die betreffenden Phoneme enthaltenden Morpheme die Factoren anthropophonischer Veränderungen untersuchen und die Keime der P h o n e m - D i v e r-
g e n z e n bestimmen. Es soll sich dabei nur darum handeln,
dass divergierende Phoneme in phonetischen Worten oder
schlechthin in irgendwelchen phonetischen Verbindungen der
betreffenden Sprache ausgesprochen werden, ohne Rücksicht
auf die Bedeutung dieser Verbindungen. So ist z. B. die keimende Divergenz des Phonems *k* in den Verbindungen *ka*,
ke | *ki* | *ko* *ku* *kŭ* | *kę* | *kr* (k r a j) | *kł* (k ł a ś ć) | *kl* (k l ą ć)
kš (k r z y w y) | *ks* (k s o b i e) | *kń* (k m i n) | *kń* (k n i a ż)!
kt (k t o) *kp* (k p i ć) . . . ganz unabhängig von der Bedeutung der diese Verbindungen enthaltenden Morpheme und
Worte. Ebenso befindet sich die keimende Divergenz des
Phonems *a* in den Verbindungen *ka* | *ta* | *pa* |— diese Divergenz
beruht darauf, dass von dem Organe des vorangehenden con-
sonantischen Phonems der Unterschied des Anfangs der Hervorbringung dieses Vokals *a* abhängig ist —] in keinem Zusammenhange mit der Bedeutung.

Hieher gehört auch der keimende Unterschied der scheinbar identischen Phoneme, je nach dem sie im Anlaute, im
Auslaute oder im Inlaute vorkommen [*ɪ*-] -*x* ‖ -*x*-]; je nach
dem sie von einer stärkeren Exspiration (Accent) begleitet,
oder nicht begleitet werden: je nach dem sie in einer auto-
phthongischen, oder symphthongischen Stellung {*u* [*a*]*u*,
i | [*a*]*i* . . . , d. h. *u* ‖ *u*, *i* ‖ *i* . . .} vorkommen, u. ä.

Wenn es sich aber um eine Betrachtung derartiger Divergenzen vom Standpunkte der Alternation handelt, dann

dürfen wir nur verwandte Morpheme zusammenstellen. In
d n - o | d e n - k o ist das Phonem *d* scheinbar identisch. In-
dessen wird es in jedem dieser Worte verschiedenartig ausgesprochen. Der articulationelle Hauptmoment, der Moment
der Pause, der Moment des Verschlusses der dieses Phonem
in der Mundhöhle localisirenden Organe ist zwar in einem
und im andern Worte gleichartig; aber der Übergang zum
folgenden Phoneme ist verschieden, und folglich ist die Aussprache des scheinbar identischen Phonems *d* in d n o und
d e n k o in jedem dieser Fälle nicht nur mit verschiedenem
akustischen Effekte. sondern auch mit verschiedenen Gruppen
physiologischer Arbeiten verbunden.

In den poln. Worten r ó d | r o d - ŭ, m r ó z | m r o z u,
m ą ż | m ę ż a haben wir, neben den klaren, deutlichen, bestimm-
baren traditionellen oder paläophonetischen Alternationen *u(ó)* ‖ *o*,
ą ‖ *ę*, und neben den klaren, deutlichen, bestimmbaren
neophonetischen Alternationen oder Divergenzen *-t (-d)* ‖ *-d-*,
-s (-z) ‖ *-z-*, *-š (-ž)* ‖ *-ž-*, noch folgende keimende neophonetische Alternationen: *a)* r[ó d] ‖ r[odu], m]r[óz] ‖ m]r[ozu],
b) m[ąż] ‖ m[ęża], *c)* [ró]t ‖ [ro]d[u], [mró]s ‖ [mro]z[u], [mą]š ,
[mę]ž[a] . . . .

{Diese letzte Gruppe keimender Alternationen, *-t* ‖ *-d-*,
-s ‖ *-z-*, *-š* ‖ *-ž-*, bedarf einer näheren Erklärung. Ihre Formulierung betrifft weder den Unterschied in der Thätigkeit
der Stimmbänder des Kehlkopfs, noch den Unterschied zwischen Schwächung der Individualität in *-t, -s, -š* und Erhaltung dieser Individualität in *-d-, -z-, -ž-*, — beides gehört ja
zur Kategorie sichtbarer Divergenzen, — sondern berücksichtigt nur den möglichen Einfluss vorangehender Vocale, einerseits *u (ó), ą,* andererseits *o, ę,* auf die Natur der betreffenden
Consonanten}.

Ebenso in den poln. k o s | k o s a haben wir zwei kei-
mende Alternationen: *-o*[s] ‖ *-o*[sa], [-o]*s* ‖ [-o]*s*[a].

Die Zusammenstellung der poln. t e n | t e m | t e | t e -
m u | t e g o | t e m i | t e r a z gibt uns Anlass zur Constatie-
rung von keimenden Alternationen: *e* ‖ *e* [t e n t e m | t e t e-

go temu temi teraz], e ‖ e [ten | tem], e ‖ e [te tego temu temi teraz], e ‖ e [tego teraz | temu temi], e ‖ e [teraz | tego temu temi], e ‖ e [temi temu tego teraz].

Poln. t ‖ t . . .: ten | ta | to | tych | tą | tę,

n ‖ n . . .: ten | ten ojciec | ten sąd | ten pies | ten kraj . . . ,

o ‖ o: toń | toni tonią tonie,

ń ‖ ń: toń | toni . . . ,

ń ‖ ń ‖ ń: toni | tonie | tonią,

m ‖ m: morze | morski | mórz,

o ‖ o: morze | morski,

r ‖ r: morski | morska,

ž (rz) ‖ ž (rz : morze | morza.

Behufs Constatiernng keimender Alternationen, können wir z. B. noch folgende poln. Worte zusammenstellen:

stóp | stopa | stopy | stopą | stopie | stopami . . . ,

skał | skałka | skała | skale | skal | skali | skalisty . . . ,

kraj | kraju | krajem | ten kraj . . . ,

zmywa | zbywa | zdaje . . . ,

zmyć | zmyj | zmywa | zmyje | zmywać | zmywanie | wymyć . . . ,

znać | poznać | znamy | znacie | znam | znaj znają | znany | znak | znaku | znacz | znaczyć | znakiem | znamię | znamienia . . . ,

wieniec | wieńca | wieńczy | wieńcz | uwieńcz | wianek | wieńczą | wieńcem . . . ,

świeca | świat | światło | światełko | świecić | światu | świeć | świeczka . . .

In den grossrussischen gó d a (рода) | gǎ d á (рода) haben wir keimende Alternationen g ‖ g und d ‖ d, weil diese Consonanten sich bald mit einem accentuierten (ictierten), bald mit einem unaccentuierten (nicht ictierten) Vokale derselben Silbe verbinden.

Kurz und gut. es bezieht sich diese Auffassung auf eine ungeheuere Menge phonetischer Thatsachen, denn man darf sicher sagen. es gebe wohl in keiner Sprache keine einzige Gruppe etymologisch verwandter Worte. in welcher man nicht eine ganze Reihe derartiger keimenden Alternationen aufweisen könnte, d. h. es gebe wohl kein einziges Phonem in keiner Sprache, welches sich immer in denselben anthrophonischen Bedingungen befände.

Diese keimenden Alternationen halten wir für Alternationen mit unbemerkbaren Unterschieden der sie bildenden Phoneme. Diese Unterschiede betrachten wir also gewöhnlich als unendlich klein. so dass wir sie mit 0 bezeichnen dürfen:

$$d(x' - x'') = 0$$

[wo d den Unterschied und x', x'' irgend ein beliebiges Phonem in verschiedenen anthropophonischen Bedingungen bezeichnen, welche — diese Bedingungen — wieder mit der Zeit eine allmähliche Spaltung dieses Phonems in zwei oder mehr voraussetzen lassen].

Aber schon die **Thatsache** selbst, **dass ein Phonem zum Bestande von Wörtern gehört, welche bald anthropophonische Unterschiede,** Unterschiede der phonetischen Verbindung oder des phonetischen Baues (z. B. Unterschiede im Verhältnisse zur Wortaccentuation), **bald wieder psychische (semasiologische oder morphologische) Unterschiede aufweisen, bildet zwischen den scheinbar gleichen Phonemen einen Unterschied, welcher mit der Zeit zu einem bemerkbaren Unterschiede werden kann.**

So kann z. B. der anthropophonische Unterschied $a \parallel a$ in den poln. Worten matka | macierz [wo ein a in geschlossener Silbe und vor einem nichtpalatalen Consonanten, das andere a aber in offener Silbe und vor einem palatalen Consonanten vorkommt] mit der Zeit zu einer Umgestaltung (Degeneration) dieses a nach zwei verschiedenen Richtungen führen, z. B. zu einer Verwandlung des *a* in m a c i e r z in einem Vokal aus der Kategorie *e*.

In Voraussehung einer ähnlichen Eventualität ist auch die Möglichkeit einer Alternation *m* ‖ *m* in m a t k a | m a c i e r z anzunehmen. denn *m* vor *a* findet sich in anderen anthropophonischen Bedingungen. als *m* vor jenem, als historische Fortsetzung des Vokals *a* in m a c i e r z vorausgesetzten *e*.

Auf ähnliche Weise kann der Unterschied anthropophonischer Bedingungen für den Vokal *a* in m a t k a ! m a t e c z- k a [das eine in geschlossener, das andere in offener Silbe] mit der Zeit eine Veranlassung zur Spaltung dieses *a* in zwei sichtbar verschiedene Phoneme geben.

Andererseits darf es nicht vergessen werden , dass auch infolge der Wirkung p s y c h i s c h e r F a c t o r e n jedes zum Bestande des Morphems m a t - im Worte m a t k a gehörende Phonem anderen Wandlungen unterliegen kann, als das mit ihm identische Phonem desselben Morphems im Worte m a t e c z k a. Das Wort m a t e c z k a (Mütterchen) ist ein deminutives Kosewort. das Wort m a t k a (Mutter) aber ist nicht-deminutiv, nicht liebkosend (nicht hypokoristisch). Es ist also klar. dass es für das Morphem m a t - und deren Phoneme *m...a...t* andere Bedingungen in einem Worte und andere wieder in dem anderen Worte giebt.

Aber die möglichen, infolge dieser psychischen Unterschiede entstehenden Veränderungen der Phoneme können, vom Standpunkte ihrer Causalität, nicht für anthropophonisch gehalten werden, und folglich lassen sich unter den Begriff einer. sei es keimenden. sei es bestimmten. Alternation nicht subsumieren.

Nichtsdestoweniger bleibt es Thatsache, dass jedes Phonem (Laut) verschiedenartigen Einflüssen unterliegt. je nachdem es entweder als ein einfacher Laut, oder als phonetischer Bestandteil einer morphologischen Einheit betrachtet wird. In ähnlicher Weise unterliegt jeder Mensch anderen Einflüssen als physisches Individuum, anderen aber als Glied einer Familie, einer

Gesellschaft, eines Staates u. s. w. Jeder Körper wieder unterliegt dem Einflusse einerseits physischer, andererseits aber chemischer Bedingungen, u. s. w.

In den keimenden Alternationen sind zwei Stufen der **von jedesmaligen Verbindungen des Phonems abhängigen** Unterschiede anzunehmen:

1) **Wirklich keimende** oder vielmehr erst **mögliche** Alternationen, mit dem Unterschiede von Phonemen gleich Null (0. So bietet z. B. *s ‖ s* in poln. kos | kosa einen Unterschied 0, wenigstens für das Gehör und für die mit optischen und akustischen Apparaten nicht bewaffnete Perception.

2) Alternationen, welche sich schon **bemerken** und **bestimmen** lassen. Den Unterschied der Phoneme können wir hier mit $x \to 0$ bezeichnen, d. h. ihn als einen zwar bestimmbaren, aber sehr kleinen Unterschied, mit dem *limes* 0, betrachten.

Trotzdem betreten wir eigentlich schon hier das Gebiet der bestimmten **Divergenten**.

Jedenfalls können zur Kategorie der keimenden Alternationen nur Alternationen mit den für die minimale, unbewusste Perception verschwindenden und nur mit Hilfe einer Anstrengung der bewussten Aufmerksamkeit entdeckbaren Phonemunterschieden zugezählt werden.

In der historischen Entwickelungskette bilden diese Alternationen ein Vermittelungsglied zwischen den keimenden Alternationen *par excellence* und zwischen den schon durch die minimale Perception bestimmbaren neophonetischen Alternationen oder Divergenzen.

Als Beweis der Wirkung der minimalen Perception dienen die „analogischen" Gebilde in der Art von poln. ‹z wusa›, anst. z wozu (vom Wagen herab), entstanden unter dem Einflusse der Formen in der Art von wus (wóz) (Wagen) nicht nur in der Sprache der Kinder, sondern auch in derjenigen der Erwachsenen.

VIII. CAPITEL.

Gegenseitiger genetischer Zusammenhang verschiedener Alternationsclassen. Stufenweiser Übergang einer Classe in eine andere.

Nehmen wir z. B. ein Paar polnischer etymologisch naher Worte: plot-ę | pleci-e (ausgesprochen heutzutage plot-e | pleć-e) (ich flechte | er flicht). Die zum Bestande dieser Worte gehörenden Phoneme gruppieren sich zu folgenden Alternationen:

l[o] ‖ l[e] . . . keimende Alternation,

$^|$t]e ‖ [ć]e . . . neophonetische Alternation oder Divergenz,

o ‖ e . . . palaophonetische oder traditionelle Alternation.

t $|^|$ $ć$ . . . psychophonetische Alternation oder Correlation.

Der gegenwärtige Alternationszustand dieser Worte hat sich aus den anderen vorhergehenden Zuständen entwickelt, in denen sich die zum Bestande dieser Worte gehörenden Phoneme zu anderen Alternationen gruppierten. Auf Grund historisch-vergleichender Forschungen haben wir das Recht, etwa folgende Reihenfolge der Alternationszustände anzunehmen, von der arioeuropäischen Periode an bis an unsere Tage:

1) *plet-o- | *plet-e-.

Diesem Zustande waren nur keimende Alternationen. t[o] ‖ t[e], e[to] ‖ e[te]. eigen, wo t und e sich embryonal ganz in derselben Weise spalteten, wie in allen anderen anthropophonischen Verbindungen eto | ete, ohne jeglichen etymologischen Zusammenhang.

2) *plet$_o$-o- | *plet$_i$-e-

mit der neophonetischen Alternation oder Divergenz t_o ‖ t_i und mit der keimenden Alternation e[t$_o$] ‖ e[t$_i$].

3) *ple$_o$t$_o$-o- | ple$_i$t$_i$-e-

mit zwei Divergenzen, t_o ‖ t_i, e_o ‖ e_i,

oder aber: *ple$_o$t· | *ple$_i$t'-

mit der traditionellen Alternation t ‖ t' und mit der Divergenz e_o ‖ e_i.

In dieser Periode erfolgt überhaupt allmähliche Häufung (Cumulierung) von Wirkungen anthropophonischer Tendenzen. Es ist zugleich die Periode individueller Schwankungen (Oscillationen), wo ein Individuum noch, dem alten Brauche gemäss, die Alternation p l e t - ‖ p l e t'- erhalten, das andere aber den kräftigen anthropophonischen Tendenzen Folge leisten und in seiner individuellen Sprache eine neue Alternation p l o t - p l e t - bieten kann. Ja noch mehr, von einem und demselben Individuum können wir ein Mal p l e t -, das andere Mal aber p l o t - hören, d. h. ein Mal die Alternation p l e t - p l e t'-, das andere Mal aber p l o t - ‖ p l e t'- constatieren. Eine wichtige Rolle spielt dabei die Kindersprache der betreffenden Sprachgenossenschaft.

4) Schon befestigtes

$$^*\text{p l o t -} ‖ ^*\text{p l e t'-}$$

$$(\dashv \text{ p l o t -} ‖ \text{p l e ć -})$$

mit den paläophonetischen oder traditionellen Alternationen t ‖ t' (⇸ t ‖ ć), o ‖ e, und mit der keimenden (embryonalen) Alternation ł[o] ‖ ł[e].

5) Der Zustand der Collision zwischen dem Gefühle der Einheit des Morphems und zwischen dem Eindrucke von der äusseren Gestalt desselben. Als Folge davon beginnt die Tendenz zur Beseitigung äusserer Unterschiede, zur Uniformierung der phonetischen Gestalt der in ihrer psychischen Einheitlichkeit gefühlten Morpheme zum Vorschein zu kommen, oder es findet die Utilisierung phonetischer Unterschiede zu psychischen Zwecken statt, d. h. es tritt ein solcher Zustand ein, wo die phonetische Spaltung sich mit der psychischen Spaltung associiert.

In unserem Falle associiert sich die phonetische Alternation t ‖ ć mit der Alternation gewisser Verbalformen, p l o t - ę p l o t - ą | p l e c i - e p l e c i - e s z p l e c i - e m y p l e c i - -e c i e; zum Teil associiert sich mit dieser psychischen Alternation von Verbalformen auch die andere phonetische Alternation, o | e, obgleich ihr psychischer Charakter viel schwächer

ist, so dass sehr oft die Tendenz zur Formausgleichung, d. h.
der Gebrauch der Formen plete pleto anst. plote
(plotę), ploto (plotą) zu bemerken ist.

Sehen wir uns die Geschichte einzelner Alternationen in
den Morphemen plot- | pleč- an.

Nehmen wir die Alternation

$$t \parallel č.$$

Im 1-en Stadium war sie embryonal (keimend), $t[o]$
$t[e]$, dann im 2-en Stadium wurde sie Divergenz, $t[o] \parallel t_i[e]$;
im 3-en Studium vollzieht sich der Übergang aus dem Diver-
genzzustande in den Zustand paläophonetischer Alternation,
$t \parallel t_i$, $\cdot t \parallel t'$ [t_i bezeichnet ein t mit der von der Nachbarschaft
mit folgendem palatalen Phoneme abhängigen Palatalität, t' aber
dasselbe Phonem t, doch mit einer unabhängig, individuell in
ihm steckenden Palatalität]. In 4-en Stadium steigert sich die
Palatalität, so dass endlich eine Spaltung des ursprünglichen
Phonems in zwei, $t \parallel t'$, erfolgt, und das t' verwandelt sich
mit der Zeit in $č$. Im 5-en Stadium wird die traditionelle Alternation $t \parallel t'$ ($= t \parallel č$) zur Correlation, und dieser Charakter
ist ihr bis auf den heutigen Tag eigen.

Nehmen wir wieder die Alternation

$$o \parallel e.$$

Im 1-en Stadium war sie höchstens embryonal und blieb
als solche auch im 2-en Stadium. Im 3-en Stadium geht diese
Alternation aus dem embryonalen Zustande in den Zustand der
Divergenz über, d. h. $e[t] \mid e[t_i]$ $\cdot o[t] \parallel e[t']$. — Im 4-en
Stadium wird diese Divergenz zu paläophonetischer oder traditioneller Alternation. — Endlich, sei es im 4-en, sei es im
5-en Stadium, wird diese Alternation $o \mid e$ gewissermassen zu
einer psychophonetischen oder zur Correlation: heutzutage
aber ist sie schon, wie es scheint, aus diesem Zustande aus-
getreten und wurde wieder zu einer traditionellen Alternation,
welche, infolge der Tendenz nach Ausgleichung der phonetischen Gestalt der als identisch oder mindestens etymologisch

sehr nahe verwandt gefühlten Morpheme, allmählich beseitigt wird.

Was die embryonale Alternation

$$l[o] \parallel l[e]$$

betrifft, so wurde dieselbe zu einer solchen wahrscheinlich schon im 3-en oder spätestens im 4-en Stadium, aber bis jetzt verliess sie ihren embryonalen Zustand noch nicht.

Diese allmähliche Entwickelung könnte man auch an einer ganzen Masse anderer Beispiele zeigen.

Indem wir uns auf die aus der Untersuchung einer ganzen Reihe von Alternationen in ihrer historischen Entwickelung gezogenen Schlüsse stützen, können wir unsere Beobachtungen in zwei Richtungen verallgemeinern:

a) zuerst geben wir eine allgemeine Übersicht genetischer Entwickelung von Alternationen in der Sprachgeschichte (in der Geschichte der Stammessprache);

b) darauf sehen wir uns näher an, wie ein ähnlicher Process in den einzelnen Gliedern der Sprachgenossenschaft zu Stande kommt, d. h. wir betrachten vom Standpunkte der Alternationen die individuelle Sprache, vor allem aber die Kindersprache.

I. Historisches Nacheinander verschiedener Alternationszustände in der Stammesprache (in der Sprache einer ganzen Sprachgenossenschaft).

Alle Alternationen verdanken ihren Ursprung einer Spaltung von Einheit in Vielheit infolge besonderer Umstände und allgemeiner Ursachen.

Die ursprüngliche Ursache jeder Alternation (Ursprüngliche Veranlassung zu jeder Alternation) ist immer in verschiedenen anthropophonischen Bedingungen zu suchen, welche verschiedenen Verbindungen eines ursprünglich einheitlichen Phonems eigen sind.

Infolge anthropophonischer Unterschiede, welche einem in den Zustand embryonaler (keimender) Alternation übergehen-

den Phoneme eigen sind, entstehen in den sich aus diesem
Phoneme entwickelnden Alternantenembryonen minimale Unterschiede, minimal ebenso nach ihren eigenen, objectiv betrachteten Dimensionen, wie auch nach der Stärke der durch
dieselben auf Glieder der betreffenden Sprachgenossenschaft
gemachten Eindrücke, — und, wie bekannt, hängt von der
Stärke des Eindrucks auch die grössere oder geringere Stärke
des zu merkenden Bildes ab.

Später, in dem historischen Nacheinander, hört jenes Minimale auf, minimal zu sein: minimale Unterschiede wachsen,
steigern sich, werden beim ersten Blick sichtbar.

Diese Steigerung und dieses Wachsen der Unterschiede
geschieht anfangs unter dem Einflusse derselben Bedingungen,
welche den ersten Impuls (Antrieb) zum Hervortreten minimaler Unterschiede gegeben hatten, aber dieses nur bis zu einer
gewissen Zeit: denn später fangen die einmal afficierten, einmal mit einer gewissen, ihnen früher fremden Eigentümlichkeit
angesteckten Phoneme an, sich von sich selbst, spontan in einer gewissen Richtung zu verwandeln. Auf diese Weise treten spätere spontane Wandlungen an stelle ursprünglicher
combinatorischer, und eine abhängige neophonetische Alternation oder Divergenz wird zu einer anthropophonisch unabhängigen, palaeophonetischen, traditionellen Alternation.

Aber neben dieser Möglichkeit der Entwickelung, neben
der Möglichkeit, welche darin besteht, dass die unter dem
Einflusse verschiedener Umgebungsbedingungen entstandenen
embryonalen, minimalen Unterschiede sich vergrössern und
schliesslich individuell werden, existiert auch eine andere Möglichkeit, die Möglichkeit des Schwindens minimaler Unterschiede, und zwar gleichzeitig mit dem Aufhören der Wirkung von den diese Unterschiede veranlassenden Bedingungen.

Es ist also für die Beseitigung neophonetischer, sei es
embryonaler, sei es schon deutlich divergenten, Alternationen
das Aufhören des causalen Zusammenhanges zwischen den
Unterschieden anthropophonischer Verzweigungen (Modificationen) des betreffenden Phonems und zwischen verschiedenen

diese Unterschiede veranlassenden Bedingungen vollkommen
genügend. In weiterer Folge aber kann die Beseitigung einer
neophonetischen Alternation auf zweifache Weise vollzogen
werden:

1) Entweder sind anthropophonische Unterschiede der
mit einander alternierenden Modificationen des betreffenden
Urphonems ganz abhängig von dem anthropophonischen Einflusse betreffender Bedingungen, in sich selbst aber besitzen
sie nichts Individuelles und prägen sich dem Gedächtnisse
auf dem Wege der Tradition (Überlieferung) und des sprachlichen Verkehrs im allgemeinen nicht im mindesten ein;

2) oder es entwickelte sich neben der Abhängigkeit von
den Bedingungen anthropophonischer Umgebung bis zu einem
gewissen Grade auch eine individuelle Unabhängigkeit der auf
diese Weise erworbenen Eigentümlichkeiten und *eo ipso* Übertragung dieser Eigentümlichkeiten auf dem Wege der Tradition und des sprachlichen Verkehrs im allgemeinen. Das betreffende Phonem unterlag einer so starken anthropophonischen
Affection, dass die auf diese Weise entstandene Eigentümlichkeit sich unserer Perception als etwas ganz Unabhängiges und
Selbstständiges aufdrängt.

1) Im ersten Falle schwinden gleich mit dem Aufhören
der Abhängigkeit, mit dem Aufhören des functionalen Zusammenhanges auch anthropophonische Unterschiede der Varietäten (Modificationen, Verzweigungen) des betreffenden Phonems und diese embryonalen Varietäten kehren zur absoluten
Einheitlichkeit zurück. Mit der Beseitigung von Ursachen
schwinden auch ihre Folgen.

2) In dem anderen Falle aber beseitigt das Aufhören der
Abhängigkeit von anthropophonischen Bedingungen die durch
eine anthropophonische Accomodation erworbenen Eigentümlichkeiten noch nicht: im Gegenteil, vermöge der schon befestigten
Individualität dieser erworbenen Eigentümlichkeiten, werden diese
Eigentümlichkeiten, nachdem sie aufgehört hatten functionell
abhängig zu sein, zu ausschliesslich individuellen, so dass sie
einerseits objectiv wachsen und sich steigern, andererseits aber

immer stärkeren Eindruck machen und sich immer mehr dem
Gedächtnisse einprägen. Auf diese Weise werden diese einstmal durch anthropophonische Accomodation entwickelten und
erworbenen Eigentümlichkeiten der Phoneme zu individuellen,
unabhängigen Eigentümlichkeiten eines gewissen phonetischen
Teiles gewisser Morpheme in gewissen Worten.

Dieses unbewusste Merken individueller Eigentümlichkeiten, insoweit es in den etymologisch verwandten Morphemen
stattfindet, wird zum Übergangsgliede von der Kategorie der
Divergenten zu derjenigen traditioneller Alternanten.

Und so betreten wir das Gebiet traditioneller Alternationen, welche sich durch den sprachlichen Verkehr einzelner Glieder der betreffenden Sprachgenossenschaft erhalten.
Aber, obgleich die Tradition eine Kraft ist, welche die von
den früheren Generationen überlieferten alternationellen Unterschiede aufrecht erhält, so reicht sie doch nicht aus, um
vom Standpunkte individueller Bedürfnisse diese Unterschiede
in ihrer Causalität zu begründen. Und gerade auf diesem Boden entwickelt sich in einzelnen Individuen und später selbst
in allen zur betreffenden Sprachgenossenschaft gehörenden Individuen das Gefühl des Mangels (der Abwesenheit) eines *raison d'être*, und es liegt in der Natur der Sache, dass ein
solches Gefühl in eine Collision mit der Tradition treten
muss.

Dessenungeachtet werden die um ihr individuelles *raison d'être* gekommenen Unterschiede alternierender Phoneme
durch zwei Ursachen aufrecht erhalten:

1) Psychische Ursache, bestehend darin, dass jene individuell nicht gerechtfertigten Unterschiede sich dem Gedächtnisse nicht typisch, sondern eben individuell einprägen. Dieses findet bei den sehr oft gebrauchten, *par excellence* alltäg-
lichen Worten statt. Solche sind z. B. Verba in der Art von
s e i n , e s s e n , w i s s e n , g e b e n . . . , Substantiva wie
V a t e r , M u t t e r . . . . . A u g e n . O h r e n , H ä n d e ,
F ü s s e . . . , Pronomina wie i c h , m i r . . . , d u , d i r . . .

2) Sociologische Ursache: Die Erhaltung der individuell nicht begründeten Unterschiede erleichtert gegenseitige Verständigung ebenso der Zeitgenossen, wie auch der früheren und späteren Generationen. Hier tritt die Tradition als conservativer, die betreffende Sprachgenossenschaft in sprachlicher Einheit erhaltender Factor auf.

Wenn aber das individuelle Bedürfnis, die weder anthropophonisch, noch psychisch berechtigten Unterschiede, d. h. die Alternationen, welche weder Divergenz, noch Correlation sind, zu beseitigen, über die einfache Tradition die Oberhand gewinnt, dann erfolgt eine Beseitigung überflüssiger traditioneller Unterschiede, und diese Beseitigung kann auf dreifache Weise geschehen:

1) Das Gefühl des etymologischen Zusammenhanges der die alternierenden Phoneme enthaltenden Morpheme veranlasst eine phonetische Assimilation dieser Morpheme, d. h. die Uniformierung (Ausgleichung) ihrer phonetischen Gestalt. Es geschieht aber in der Weise, dass eine von den Modificationen des betreffenden Morphems, welche eins von den alternierenden Phonemen enthält, herrschend wird und sich auch auf solche Fälle ausdehnt, wo wir eine andere Modification desselben Morphems, mit einem anderen alternierenden Phoneme, haben. So z. B. poln.

p o - s y ł - a ć | p o - s e ł = p o - s e ł - a ć | p o - s e ł (senden | Gesandte),

{o d - d y c h - a ć | o d - d e c h = o d - d e c h - a ć (dialektisch) | o d - d e c h (athmen | Athmen)},

g ł e c h - n ą ć | g ł u c h - y = g ł u c h - n ą ć | g ł u c h - y (taub werden | taub),

d z w ę k | d ź w i ę c z - e ć   d ź w i ę k | d ź w i ę c z e ć (Klang | klingen). . .;

im Russischen umgekehrt:

звук | звячáть = звук | звучáть . . . ;

dann können wir noch eine teilweise Ausgleichung im Poln. anführen:

u - b i ó r	u - b i e r - a ć		u - b ó r	u - b i e r - a ć
u - b i o r - u			u - b o r - u	
z - b i ó r	z - b i e r - a ć		z - b ó r	z - b i e r - a ć ;
z - b i o r - u			z - b o r - u	

vgl. damit z - b ó r, p o - b ó r, n a - b ó r, w y - b ó r . . ., - b o r u . . .

2) Es verliert sich das Gefühl des etymologischen Zusammenhanges der Worte, in denen die die alternierenden Phoneme enthaltenden Morpheme vorkommen, und dieses bewirkt eine lexikalische Differenzierung, so dass das Paar früher etymologisch verwandter Worte zu einem Paare verschiedener, etymologisch sich ganz fremder, d. h. von den sprechenden Individuen in ihrem etymologischen Zusammenhange nicht gefühlter Worte wird; — dadurch wird der Wortschatz der betreffenden Sprache bereichert. Solche sind z. B.

poln. c z ę ś - ć > < k ą s a - ć kęs, russ. час-ть > < кус-áть (Teil | beissen).

poln. p o - c z ą - t e k - c z y n - a ć - c z n - ę > < k o n i - ec; russ. на-чá-ло > < кон-éц (Anfang | Ende),

poln. p o - k ó j > < s p o - c z y - w a ć (Ruhe | ruhen) . . .,

„ b o d - ę > < b a d - am (steche, stosse | erforsche) . . .,

„ w i e r c i - e ć > < w a r t - k i > < w a r s - t w a > < w r z e c i - o n o > < w r o t - a > < p o - w r ó t p o - w r o t - u (drehen, bohren | sich drehend, behend | Schichte | Spindel | Thor | Rückkehr) . . .,

poln. w o d z - i ć > < w a d - a (führen | üble Gewohnheit, Gebrechen) . . . ,

poln. p o - c z e t > < c z e ś - ć > < c z y t - a ć > < z a - c - n y (Zahl | Ehre | lesen | ehrwürdig) . . . ;

poln. c i ą g - n ą ć > < t ę g - i > < w s - t ą ż - k a (ziehen | tüchtig | Band) . . . ,

Selbst j e s - (j e s - t . . .) > < s - (s - ą) (ist | sind), c h o d z - - i ć > < s z e d - ł s z - ł a (gehen | gieng) . . . sind heutzutage in phonetischer Beziehung zwei verschiedene Wurzeln, welche blos kraft semasiologischer Association in ihrem Zusammenhange erhalten werden.

Die Verwickelung alternationeller Beziehungen des betreffenden Morphems begünstigt seine Mischung mit anderen Morphemen, begünstigt seine Attraction durch eine andere etymologische Morphemengruppe. Hieher gehören z. B. poln.

o d - p o - c z n - ę | o d - p o - c z ą - ć | o d - p o - c z y n -
-e k . . . , entstanden aus o d - p o - c z y - n ę | o d - p o - c z y -
-n ą - ć | o d - p o - c z y - n - e k (werde ausruhen | ausruhen | Ruhe) . . . und attrahiert (angezogen), wenigstens phonetisch-morphologisch, durch den Beziehungstypus za - czn - ę po - czn - ę
-czą - ć | -czyn - ać | za - czyn -, roz - czyn - (werde anfangen | anfangen | Anfang, Ferment . . . .) . . . .,

r z n - a ć | r z n - ę | - r z y n - a ć . . . , entstanden aus
ŕ z - n ą ć (r z z - n ą ć) | ŕ z - n ę | r z e z - a ć (← r z a z - a ć)
(schneiden | schneide . . .) und attrahiert durch ż ą - ć → ż n -
- a ć | ż n - ę | ż y n - a ć (mit der Sichel schneiden, ernten) . . .

3) Das dritte Mittel endlich, die um ihr individuelles *raison d'être* gekommenen alternationellen Unterschiede zu beseitigen, ist Utilisierung dieser Unterschiede zu psychischen Zwecken, d. h. zu einer Verknüpfung (Association) phonetischer Schattierungen (Nuancen) mit morphologischen, *respective* semasiologischen. Auf diese Weise entstehen p s y c h o p h o n e t i s c h e   A l t e r n a t i o n e n oder C o r r e l a t i o n e n, zu denen jedes zur betreffenden Sprachgenossenschaft gehörende Individuum auf dem Wege der Cumulierung und Verallgemeinerung einzelner Associationen selbstständig, auf eigene Hand, mit eigener psychischer Arbeit gelangen muss.

Unabhängig vom subjectiven Gefühle können in der Sprache Typen von traditionell überlieferten und semasiologisch auf eine beständige und gleichartige Weise unterschiedenen Formen existieren; z. B. im Poln. n o g - a   r ę k - a |
n ó ż - k a   r ą c z - k a . . ., p i - ć   g n i - ć | p o j - i ć   g n o j -
- i ć . . ., t o k -   b o k - | t o c z - y ć   b o c z - y ć   s i ę . . .,
p o - m o g - ę   c h o d z - ę   m o c z - ę   r o b i - ę   p o - m a g - a m
c h a d z - a m   m a c z - a m   r a b i - a m . . . . ., g n i o t - ę   m i o t - ę

g n i a t - a m   m i a t - a m . . . . ,   s ł - a ć   t k - a ć | s y ł - a ć
t y k - a ć . . . ,   u - b r - a ć   w y - p r - a ć | u - b i e r - a ć   w y -
p i e r - a ć . . . ,   u - m r z - e ć   w y - p r z - e ć   w y - t r z - e ć |
u - m i e r - a ć   w y - p i e r - a ć   w y - c i e r - a ć . . .

Nun, wenn sich in der Seele des sprechenden Individuums ein fester Zusammenhang, eine feste Association zwischen der Beziehung des phonetischen Baues derartiger Worte und derjenigen ihrer Bedeutungsschattierungen gebildet hat, dann verwandelt sich *eo ipso* die traditionelle Alternation in eine Correlation, und das betreffende Individuum bereichert dadurch den Vorrat seiner psychophonetischen, zur morphologischen und semasiologischen Schattierung dienenden Mittel.

Aber trotz aller dieser sich stets wiederholenden Bemühungen, die nicht rationellen, d. h. weder anthropophonisch, noch psychisch berechtigten, phonetischen Unterschiede zu beseitigen, kann doch in der Sprache ein bedeutender und numerisch starker Niederschlag eben solcher Unterschiede übrig bleiben, welche ganz einfach traditionell, ohne den Bedeutungszusammenhang zwischen den einzelnen Varietäten irgend wie zu erschüttern, überliefert werden, d. h. ein Niederschlag von Unterschieden, welche die Grundlage paläophonetischer oder traditioneller Alternationen bilden. Es genügt hier auf poln. s e n | s n u, d z i e ń | d n i - a, w i e d z i - c | w i o d - ę w i ó d - ł | w i e ś - ć | w y - w o d - u | w y - w ó d | w o d z - ę w o d z - i | w ó d ź | w ó d z . . . , ś - m i e r - ć | m a r - t w y - m o r - u | - m ó r | u - m i e r - a . . . , b r - a ć | - b i e r - a ć b i e r z - e | w y - b o r - u | w y - b ó r | w y - b o r z - e . . . , w r z e c i - o n o | p o - w r o t - u | p o - w r ó t | w r ó c - ę w r ó c - i | w r a c - a | w i e r c - i | w a r t - k i . . . . . hinzuweisen.

Dieser Niederschlag vermindert sich einerseits beständig infolge der oben angedeuteten Wandlungen nach drei Richtungen, andererseits aber erfährt er einen beständigen Zuwachs durch den Übergang in die Kategorie traditioneller Alternationen nicht nur gewesener Divergenzen, sondern auch gewesener Correlationen.

Das Bestreben, die durch eine individuelle Causalität nicht berechtigten Unterschiede zu beseitigen, erstreckt sich auf beide Gruppen traditioneller Alternationen, d. h. ebenso auf die Gruppe divergenzioneller, wie auch auf diejenige correlativischer Herkunft. Aber, wenn die zubeseitigenden Alternationen zur zweiten Gruppe gehören, d. h. wenn sie den ihnen früher eigenen psychophonetischen Zusammenhang eingebüsst hatten, folglich Alternationen mit erloschener psychischer Causalität sind, dann kann nur von zwei ersten Beseitigungsweisen die Rede sein, d. h. entweder von der phonetischen Assimilation der Morpheme, von der Ausgleichung (Uniformierung) ihrer phonetischen Gestalt, oder vom Verluste des Gefühls des etymologischen Zusammenhanges der Worte mit den alternierende Phoneme enthaltenden Morphemen. Die dritte Art und Weise, d. h. Wiederbelebung des psychophonetischen Charakters traditioneller Alternationen correlativischer Herkunft, kommt wohl ungemein selten vor.

Es können also traditionelle Alternationen, vom Standpunkte ihrer Herkunft, zweierlei Art sein:

1) p a l ä o p h o n e t i s c h e   A l t e r n a t i o n e n, mit erloschener anthropophonischer Causalität,

2) p a l ä o p s y c h i s c h e   A l t e r n a t i o n e n, mit erloschener psychophonetischer Causalität.

Schliesslich können die einen, wie die anderen mit der Zeit

entweder mittelst Ausgleichung der die betreffenden Phoneme enthaltenden Morpheme beseitigt werden

(bald $\qquad x' \parallel \jmath''$ — $x' \parallel x'$,

bald wieder $\qquad x' \parallel x'' \rightleftharpoons x'' \parallel x''$),

oder aber den alternationellen Charakter vollkommen verlieren und, infolge der Spaltung von den früher nur phonetische Modificationen (Varietäten) eines Grundmorphems darstellenden Morphemen in zwei besondere, im etymologischen Zusammenhange nicht mehr gefühlte Morpheme, in die Kategorie überlebender (rudimentärer) Alternationen übergehen

$$(x' \parallel x'' \rightarrow x' > < x'').$$

Da wir hier aber fortwährend mit dem lebendigen Gefühle des psychischen Wertes (der psychischen Geltung) phonetischer Erscheinungen zu thun haben, und da dieses Gefühl, als von den individuellen Eigentümlichkeiten aller Glieder der betreffenden Sprachgenossenschaft abhängig, bald schwächer, bald stärker wird, so müssen wir eine ganze Scala zweifelhafter Übergangszustände annehmen, welche an eine dem Erlöschen nahe Lampe erinnern, deren Flamme bald erlischt, bald wieder sich sehen lässt.

Aus diesem Meere einer unzähligen Masse zweifelhafter Übergangszustände ragen drei deutliche Alternationsclassen empor, deren Besprechung die Capitel 3, 4 und 5 gewidmet sind:

traditionelle Alternationen, welchen eine Causalität von rein socialem Charakter (Überlieferung und Verkehr) eigen ist; sie sind entweder paläophonetisch, oder paläopsychisch (welche sich schliesslich auch auf paläophonetische zurückführen lassen) (5-es Capitel);

neophonetische Alternationen oder Divergenzen, gekennzeichnet durch die Anwesenheit einer individuell anthropophonischen Causalität, im Unterschiede von dem den zwei anderen Classen eigenen Mangel dieser Causalität (3-es Capitel);

psychophonetische Alternationen oder Correlationen, mit einer individuell psychischen Ursache, im Gegensatz zu dem den zwei anderen Classen eigenen Mangel einer solchen Ursache (4-es Capitel).

Vom Standpunkte ihres historischen Nacheinanders in der Sprachgeschichte sind diese Classen in folgender Reihenfolge aufzuzählen:

1) Divergenzen, mit dem lebendigen physiologischen Factor, mit einem individuell-anthropophonischen Zusammenhange, mit der noch erhaltenen ursprünglichen Causalität aller Alternationen;

$$x = f(\varphi)$$
$$x' \parallel x'' = f(\varphi' \parallel \varphi'')$$
$$x' \ldots \varphi' \parallel x'' \ldots \varphi''.$$

[Beispiele: $d \parallel t$ in w o d - a | w ó d - k a (Wasser | Brannt-
wein), $\acute{s} \parallel \acute{z}$ in p r o s - i ć | p r o ż - b a (bitten | Bitte), i_2 (y) $\parallel i_1$
(i) in s ł o m - y | z i e m - i (des Strohes | der Erde)...]

2) P a l ä o p h o n e t i s c h e oder t r a d i t i o n e l l e
A l t e r n a t i o n e n, mit dem beständig wirkenden socialen Factor, mit dem collectiv-socialen causalen Zusammenhange, mit der beseitigten ursprünglichen anthropophonischen
Causalität aller Alternationen:

$$x = f(\pi)$$
$$x' \parallel x'' = f(\pi).$$

[Beispiele: $p \parallel \acute{p}$, $t \parallel \acute{c}$, $ar \parallel er$ in n a - p a r s t - e k | p i e r ś c i - e ń
(Fingerhut | Ring), $l \parallel l, o \parallel e$ in c z o ł - o | c z e l - e (Stirn | an
der Stirn)....]

3) C o r r e l a t i o n e n, mit dem lebendigen psychischen
Factor, mit dem individuell-psychischen causalen Zusammenhange, mit der secundär entwickelten psychischen Causalität:

$$x = f(\psi)$$
$$x' \parallel x'' = f(\psi' \parallel \psi'')$$
$$x' \ldots \psi' \parallel x'' \ldots \psi''.$$

[Beispiele: $o \parallel a$ in c h o d z - i ć | c h a d z - a ć (gehen | pfle-
gen zu gehen), t r w o ż - y - ć | t r w a ż - a ć (Schrecken ein-
jagen pflegen Schrecken einzujagen)...., $s \parallel ch$ in w ł o s |
w ł o c h (Haar | plumpes Haar), k l u s - k i | k l u c h - y
(Klösschen | grosse, plumpe Klösschen)...]

Vom Standpunkte des Bodens, auf welchem sich die ursprüngliche, in der betreffenden Epoche des Sprachlebens schon
beseitigte, anthropophonische Causalität entwickelt hatte, zerfallen traditionelle Alternationen in zwei Classen:

a) e i g e n s p r a c h i g e, entwickelt auf dem heimischen
Boden der betreffenden Sprachgenossenschaft,

b) f r e m d s p r a c h i g e, entstanden unter dem Einflusse
einer anderen Sprachgenossenschaft, auf dem Wege sei es des
internationalen sprachlichen Verkehrs, sei es des Schrifttums.

Vom Standpunkte des Überganges vom früheren Alternationszustande zu dem gegenwärtigen unterscheiden wir in den traditionellen Alternationen zwei Classen:

a) einige von ihnen entwickelten sich direkt aus den D i v e r g e n z e n,

b) die anderen aber bilden eine Fortsetzung von C o r- r e l a t i o n e n; sie sind aus der Kategorie der Correlationen in diejenige der traditionellen Alternationen als die ihrer psychischen Function schon entledigten Gebilde übergegangen.

In den Ex-Alternationen (d. h. in den jedes Alternationscharakters entledigten Alternationen) können wir 3 Classen unterscheiden:

a) einige stammen unmittelbar von den Divergenzen;

b) andere haben, bevor sie beseitigt wurden, blos zwei deutliche alternationelle Evolutionen durchgemacht: Divergenzen und traditionelle Alternationen;

c) wiederum andere haben vor ihrem Schwunde ganze vier deutliche Evolutionen durchgemacht: Divergenzen, traditionelle Alternationen, Correlationen in Verbindung mit der Tradition und schliesslich wieder rein traditionelle Alternationen.

In den Correlationen können wir vor allem z w e i H a u p t- s t u f e n d e r S p a n n u n g ihres psychischen Charakters unterscheiden:

auf einer höheren Stufe i s t d i e A s s o c i a t i o n p h o- n e t i s c h e r V a r i e t ä t e n (Modificationen) m i t p s y c h i- s c h e n N u a n c e n (Schattierungen) w i r k s a m (activ) u n d s c h ö p f e r i s c h. d. h. sie ermöglicht die Bildung neuer Alternationspaare nach einem gewissen lebendigen Typus [z. B. *o* ‖ *a* in den poln. Verben n o s - i - ć | n a s z - a ć (tragen | pflegen zu tragen)....]:

auf der zweiten. niederen Stufe aber existiert zwar die Association phonetischer Varietäten mit psychischen Nuancen, aber sie ist nicht stark genug, um die Entstehung von Neubildungen nach dem gegebenen Typus zu ermöglichen; es ist also die Stufe der p s y c h o p h o n e t i s c h e n S c h w ä c h e und Passivität [z. B.: $i \parallel oj$ in pi-ć gni-ć | poj-ić gnoj-ić (trinken, faulen | trinken lassen, faulen lassen)....].

Zwischen diesen zwei Stufen giebt es eine ganze Reihe von Übergangszuständen.

Wir haben oben gesehen, dass der den einfachen traditionellen Alternationen eigene traditionelle Charakter sich in stäter Collision mit der Tendenz nach Beseitigung phonetischer, weder physiologisch, noch psychisch gerechtfertigter Unterschiede befindet, und dass, im Falle der Oberhandnahme seitens dieser individuellen Tendenzen, entweder jene traditionellen Alternationen einen psychophonetischen Charakter annehmen und zu Correlationen werden, oder eine phonetische Ausgleichung des alternierenden Paares erfolgt.

Es können jedoch ähnliche Collisionen auch im Bereiche der Correlationen stattfinden. So lässt sich z. B. in der russischen Correlation $k \parallel \check{c}$ in solchen Verben, wie пек-у́ толк-у́ | печ-ём толч-ёш (backe, stosse | bäckst, stösst) .... gleichsam eine Collision wahrnehmen, welche schliesslich zur Umwandlung jener Correlation $k \parallel \check{c}$ in eine neue, $k \parallel k'$ [пек-у́ толк-у́ | пек-ём толк-ёш....], führt.

Wenn man die alternierenden Phoneme, $k \parallel \check{c}$, als unteilbare Ganze betrachten wollte, müsste man behaupten, es gäbe hier keine Collision und es dürfe die Correlation $k \parallel \check{c}$, welche ein in sich geschlossenes Ganzes bildet, sich nicht umwandeln, sondern solle so bleiben wie sie ist, bis endlich ihr psychophonetischer Charakter schwindet, um einer einfachen Tradition zu weichen. Aber, wenn wir die Phoneme in ihre Articulationscomponenten zerlegen und diesen verbalen Typus von einem breiteren Standpunkte betrachten, so wird der Schluss unvermeidlich, dass die Correlation $k \parallel \check{c}$ die Harmonie des Typus verletzt, und dass nur die Alternation $k \parallel k'$ ihr Genüge leistet, weil sie vollkommen auf dieselbe Art gebildet ist, wie die anderen partiellen Alternationen, $b \parallel b'$ (греб-у́ | греб-ёт...), $d \parallel d'$ (вед-у́ | вед-ёт...), $s \parallel \acute{s}$ (нес-у́ | нес-ёт...) u. s. w., welche sich unter eine allgemeine Alternation,

$$PO \parallel PY$$

(wo *PO* den Mangel an Palatalität oder die „Härte" des Consonanten, *PY* aber das Vorhandensein der Palatalität oder die
„Weichheit" des Consonanten bezeichnet), subsumieren lassen.

Diese Verallgemeinerung russischer Correlationen auf dem
Gebiete des oben genannten verbalen Typus vollzieht sich eben
jetzt in verschiedenen grossrussischen Dialekten. Viel früher
aber vollzog sie sich z. B. in den Adjectiven possessiven,
welche vorzugsweise die Function von *patronymica* und dann
auch der Zunamen erfüllen, in der Art von су́кин сын. Су́к-ин,
Соба́к-ин, Ко́шк-ин. Спиня́г-ин, Му́х-ин ..., wo die alte Corre-
lation, $k \parallel č$, $g \parallel ž$, $x \parallel š$ (су́к-а | су́ч-ин, Спиня́г-а | Спиня́ж-ин,
му́х-а | му́ш-ин ....), einer neuen, $k \parallel k'$, $g \parallel g'$, $x \parallel x'$, gewichen
ist, nach dem Muster einer ganzen Menge anderer partieller
Alternationen desselben allgemeinen Typus, $b \parallel b'$, $d \parallel d'$, $s \parallel š$
[ры́б-а Ры́б-ин, Мару́д-а Мару́д-ин, Пла́кс-а Пла́кс-ин ....].

Wir sehen hier, wie die Correlativität immer weitere
Kreise beschreibt, wie partielle Correlationen von denjenigen
mit einem allgemeineren Charakter verschlungen werden, wie
diese Verallgemeinerung von Correlationen ihr Gewicht und
ihre Spannkraft stärkt.

Da es aber nichts Ewiges im Bereiche von Formen giebt,
und da die entstandenen Formen einmal schwinden müssen, so findet dasselbe auch auf die Correlationen seine volle
Anwendung, mögen dieselben noch so deutlich und noch so
mächtig sein. Nachdem sie ganze Reihen partieller Correlationen verschlungen und dieselben sich assimiliert und dadurch
die höchste Stufe ihrer Macht und Deutlichkeit (Bestimmtheit)
erreicht hatten, müssen diese allgemeinen Correlationen mit
der Zeit ihre Kraft stufenweise einbüssen und endlich ihren
psychophonetischen Charakter vollkommen verlieren und in
den Zustand des Traditionellen übergehen, d. h. zu einfachen
traditionellen Alternationen werden, um einmal endgiltig zu
verschwinden und in dem grossen Sammelhaufen von Ex-
Alternationen oder erloschenen Alternationen zu zergehen.

II. Die Entstehung der Alternationen in der individuellen Sprache, besonders aber in der Kindersprache.

Die Sprache kann nicht geerbt werden; geerbt werden nur erstens die Fähigkeit eine Sprache zu erwerben im allgemeinen und dann Neigungen zu gewissen bestimmten Richtungen der im Sprachbau sich vollziehenden Wandlungen. Die Erblichkeit ist ein biologischer Faktor, während dagegen zur Sprache jedes Individuum auf dem Wege des gesellschaftlichen Verkehrs gelangt. Trotzdem muss man gerade zur Erblichkeit seine Zuflucht nehmen, um die Stätigkeit historischer, sich in der Sprache vollziehender Veränderungen zu erklären, und zwar folgendermassen:

Die am weitesten gehenden, die radicalsten Wandlungen (Veränderungen) vollziehen sich jederzeit in der Kindersprache der betreffenden Sprachgenossenschaft. Am weitesten gehen hier phonetische Wandlungen, am weitesten Formausgleichung u. s. w. Später ziehen sich die Kinder zum sprachlichen Zustande der Erwachsenen nach und nach zurück, aber ein gewisser Teil der in ihrer Kindersprache vollzogenen Wandlungen kann auch künftighin in ihrer individuellen Sprache bleiben, und, was am wichtigsten ist, gehen die Neigungen zu solchen Wandlungen, obgleich sie bei späterer Generation gewöhnlich wieder von sich selbst, spontan enstehen, auch auf dem Wege der Erblichkeit zu derselben über. Indem sie sich in einer Reihe von Generationen cumulieren oder anhäufen und erstarken, werden diese Wandlungen schliesslich so mächtig, dass sie sich in der Sprache endgiltig befestigen.

Bei der Alternation handelt es sich in erster Reihe um die Häufung oder Cumulierung phonetischer Tendenzen auf dem Wege der Erblichkeit und um ein allmähliches Mächtigerwerden derselben.

Da jedes Individuum einzeln, für sich, mit eigener Arbeit zur Sprache gelangt, so müssen auch Alternationen von jedem Individuum selbstständig entwickelt werden.

Während der allmählichen Aneignung der Sprache
macht jedes Kind auch verschiedene Stadien durch: Anfangs versteht es gar nichts; darauf fängt es an, die Sprache der Umgebung zu verstehen, aber es vermag noch nicht
selbst zu sprechen, d. h. es befindet sich in einem Zustande
der Audition und der passiven sprachlichen Perception; endlich beginnt es selbst zu sprechen, beginnt selbst sprachlich
thätig zu sein, und zwar nicht nur durch Audition und Perception, sondern auch durch Phonation. Selbstverständlich bildet die, einmal in Bewegung geratene, sprachliche Cerebra-
tion oder das sprachliche Denken eine stätige Grundlage beim
Erlangen der individuellen Sprache.

Nun kann in den ersten Anfängen dieses Processes,
wo das Kind erst anfängt, die Sprache der Umgebung ein
wenig zu verstehen, noch von keinen Alternationen die Rede
sein. Die Alternationen entwickeln sich erst später. Jedenfalls können wir die Paare von Phonemen, welche zum
Bestande der von dem betreffenden Kinde schon verstandenen
Morpheme und Worte gehören und in der Sprache der Umgebung die alternationellen Paare bilden, vom Standpunkte
dieses Kindes e m b r y o n a l e oder k e i m e n d e (anfängli-
che) Alternationen nennen.

Auf derjenigen Stufe, wo die Kinder noch nicht angefangen haben, die betreffende Sprache zu sprechen, aber sich
schon über ihre Eigentümlichkeiten Rechenschaft ablegen
und sie in den ihrem eigenen Geiste zugänglichen Grenzen
verstehen, d. h. wo diese Kinder sich in einem Zustande der
schon entwickelten Audition und Perception, aber noch ohne
Phonation, befinden, auf einer solchen Stufe kann natürlich
von den neophonetischen Alternationen oder Divergenzen keine
Rede sein, da dieselben von der eigenen, p e r s ö n l i c h e n
Aussprache abhängen. Ob dann schon Correlationen oder psychophonetische Alternationen vorhanden sind, das hängt von
der Individualität des betreffenden Kindes, von dessen grösseren oder geringeren psychischen Beweglichkeit und Lebhaf-
tigkeit ab. Jedenfalls existieren in den allerersten Anfängen

dieser Entwickelungsstufe die Correlationen keineswegs, und
sie müssen sich erst ausbilden, sie müssen sich aus den traditionellen Alternationen vermöge erforderlicher Associationen entwickeln. Die einfachen traditionellen Alternationen aber existieren augenscheinlich in der Sprache des Kindes auf der Stufe der
Audition und Perception; denn die Unterscheidung phonetischer
Modificationen (Varietäten) der in ihrem etymologischen Zusammenhange gefühlten Morpheme entwickelt sich ja auf ein
Mal von selbst. Darum machen dann auch deutliche Unterschiede der Divergenten oder neophonetischer Alternanten einen bestimmten Eindruck und prägen sich dem Gedächtnisse
mit der ihnen eigenen traditionellen Seite ein. So z. B., bevor
das Kind anfängt, durch seine eigene Aussprache die Diver-
g uz (ƒ in den poln. b r o d a | b r ó d k a (Bart | Bärtchen)
u ä zu stande zu bringen, bemerkt es schon früher den anthro-
pophcnischen Unterschied zwischen der Vollbringung des einen
und des anderen Phonems. Und eben auf diese Weise gesellt
sich zu den neophonetischen Alternationen oder Divergenzen
auch das traditionelle Element, d. h. es verwandelt sich in
der Stammessprache (in der Sprache der ganzen Sprachgenossenschaft) die Abhängigkeit

$$x' \| x'' = f(\varphi' \| \varphi'')$$

in diejenige

$$x' \| x'' = f(\varphi' \| \varphi'') + f(\pi).$$

Wenn das Kind anfängt, schon selbst zu sprechen, indem es die Sprache der Umgebung nachahmt, empfängt es
von dieser Umgebung auch die ihr eigenen Alternationen.
Neophonetische Alternationen oder Divergenzen enstehen auch
unabhängig von der Nachahmung, unabhängig von dem sprachlich socialen Verkehre; denn die Notwendigkeit ihrer Entstehung liegt ja einerseits in dem Baue der Sprechorgane, andererseits aber in den auf dem Wege der Erblichkeit erworbenen Tendenzen. Dabei sind individuelle Schwankungen möglich: einige Kinder entwickeln Divergenzen in weit stärke-
rem Grade, als die anderen. Es ist jedoch allen Kindern die
Tendenz zur Entwickelung von Divergenzen in viel höherem

Masse eigen, als es in der Sprache der Erwachsenen, in der Normalsprache der betreffenden Sprachgenossenschaft stattfindet. Was in der letzten noch im embryonalen Zustande schlummert, das kann in der Kindersprache deutliche, beim ersten Blick bemerkbare Dimensionen erreichen. Verschiedene in den Verbindungen eines einheitlichen Phonems steckende Bedingungen führen hier rasch zu bestimmten Resultaten bei der Spaltung dieses Phonems in zwei oder mehrere; die vorhandenen anthropophonischen Ursachen wirken in der Kindersprache viel stärker, als in der Sprache der Erwachsenen, und veranlassen auch viel leichter die diesen Ursachen entsprechenden Wirkungen.

Kurz um, es überholen die Kinder, wie in betreff der phonetischen und morphologischen Seite der Sprache überhaupt, so auch im Bereiche der Alternationen, die normale Entwickelung der Sprache, indem sie solche Erscheinungen voraussagen, welche mit der Zeit zur festen Eigentümlichkeit der ganzen Stammessprache werden sollen.

Jedenfalls besitzt die Kindersprache viel mehr neophonetische Alternationen oder Divergenzen, als es mit der normalen Stammessprache der Fall ist. Was wieder die Correlationen oder psychophonetischen Alternationen betrifft, so besitzt deren die Kindersprache weniger, als die normale Stammessprache. Man darf aber nicht die in so hohem Grade der Kindersprache eigene Correlation vergessen, welche in der Alternierung palataler Consonanten mit den nichtpalatalen, behufs Unterscheidung der Liebkosung von der Nicht-Liebkosung, besteht: $PY \parallel PO$ ($d' \parallel d$, $\acute{s} \parallel s$, $l' \parallel t$...).

Je nach dem sich die Kindersprache der Sprache der erwachsenen Umgebung nähert, tritt auch das Kind im Bereiche der Alternationen zurück, indem es die zu weit nach vorn zu vorgerückten Varietäten (Modificationen) verliert, und z. B. den Zustand der deutlichen Divergenz durch denjenigen der embryonalen Alternation ersetzt, u. s. w.

Nachdem wir uns die Art und Weise der Entstehung
und Umgestaltung verschiedener Alternationszustände in der
Kindersprache etwas näher, obgleich auch nur ziemlich unge-
nau, angesehen haben, wollen wir noch einmal

**das historische Nacheinander verschiedener Alternations-
zustände und den Übergang eines Zustandes in einen anderen in der Sprache einer ganzen Sprachgenossenschaft,**

diesmal aber nur in aller Kürze, nur schematisch, in Ta-
feln und Formeln darstellen.

I. Divergenzen: erstrecken sich auf die ganze Sprache,
entstehen aber spontan, „von sich selbst", auf dem Wege anthropophonischer Accomodation. Einer jeden Periode des Sprachlebens sind andere Divergenzen eigen,
obgleich es auch allgemeinmenschliche, ewige Divergenzen giebt.

II. Correlationen entstehen aus traditionellen Alternationen.

III. Traditionelle Alternationen entstehen entweder aus den
einsprachigen Divergenzen, oder aus den fremdsprachigen traditionellen Alternationen.

Eigensprachige (heimische) Divergenzen	Fremdsprachige Alternationen
Traditionelle Alternationen	
entweder gehen in den Correlationszustand über. Correlationen.	oder bleiben als traditionelle Alternationen.
entweder bleiben als Correlationen,	oder treten aus dem Correlationszustande heraus und werden wieder zu traditionellen Alternationen.

II—III. Die Phoneme, in denen traditionelle Alternationen—
einfach traditionelle, sowie auch traditionell-psychopho-
netische (Correlationen) — zum Ausdrucke gelangen, müs-

sen sich gleichzeitig den divergenzionellen oder anthropophonischen Forderungen der betreffenden Periode des Sprachlebens fügen.

Geschichte der Alternationen, ausgedrückt in Formeln,

genauer gesagt, in Formelskeletten.

Es mögen bedeuten:

x ... das Phonem im allgemeinen.

x', x'' ... verschiedene Varietäten eines ursprünglich einheitlichen Phonems, oder durch verschiedene Nuancen (Schattierungen) sich untereinander unterscheidende, alternierende Phoneme,

f ... Abhängigkeit, causalen Zusammenhang,

F ... die höchste Stufe der Abhängigkeits-Steigerung,

d ... veränderlichen (variablen) phonetischen Unterschied alternierender Phoneme,

Δ ... einen gewissen constanten (stätigen) oder bestimmten Unterschied alternierender Phoneme,

λ ... ein Wort mit alternierendem Phoneme im allgemeinen,

λ', λ'' ... Worte, zu deren Bestandteile die alternierenden Phoneme gehören,

μ ... das Morphem mit dem alternierenden Phoneme im allgemeinen,

μ', μ'' ... Varietäten (Modificat'onen) des einheitlichen Morphems, alternierende Phoneme enthaltend,

ν, ν', ν'' ... andere Morpheme desselben Wortes,

φ ... anthroponische Causalität, anthropophonische Bedingungen im allgemeinen,

φ', φ'' ... verschiedene anthropophonische Bedingungen, von denen Divergenz oder neophonetische Alternation abhängt,

ψ ... psychische Causalität im allgemeinen, psychische Nuance (Schattierung) im allgemeinen, Bedeutung,

ψ', ψ'' ... verschiedene psychische Nuancen, an der Correlation oder psychophonetischen Alternation haftend,

$\pi \ldots$ Tradition (Überlieferung) und sprachlich-socialen Verkehr im allgemeinen,

$\text{II} \ldots$ eine gewisse bestimmte Steigerung der Tradition und des sprachlich-socialen Verkehrs im allgemeinen,

$\| \ldots$ Alternation im allgemeinen,

$> < \ldots$ Beseitigung der Alternation, Mangel der Alternation,

$\rightleftharpoons \ldots$ Übergang, Wandel des Vorangehenden ins Folgende,

$\rightarrow \ldots$ Richtung.

Mit Hülfe dieser Zeichen

a) nimmt das Formelskelett für Divergenz die Gestalt

$$x = f(\varphi),$$
$$x' \| x'' = f(\varphi' \| \varphi'').$$
$$x' \ldots \varphi' \| x'' \ldots \varphi'' \qquad \text{an};$$

b) das Formelskelett für Correlation sieht so aus:

$$x = f(\psi),$$
$$x' \| x'' = f(\psi' \| \psi''),$$
$$x' \ldots \psi' \| x'' \ldots \psi'';$$

c) endlich nimmt das Formelskelett für traditionelle Alternationen folgende Gestalt an:

$$x = f(\pi),$$
$$x' \| x'' = f(\lambda' \| \lambda''),$$
$$x' \ldots \lambda' \| x'' \ldots \lambda''.$$

Der gegenseitige genetische Zusammenhang einzelner Alternationsclassen aber, wie auch ihr historisches Nacheinander lassen sich folgendermassen ausdrücken *):

---

*) Dabei werden fremdsprachige Alternationen bei seite gelassen. Es ist aber nicht schwer, diese Lücke auszufüllen. Fremdsprachige Alternationen entwickeln sich in der fremden Sprache auf ganz dieselbe Weise, wie eigensprachige (heimische) Alternationen in der Sprache selbst, deren Analyse uns beschäftigt: sie beginnen dort mit dem embryonalen Zustande, gehen erst in den Zustand der Divergenz, darauf in denjenigen des Traditionellen über, welches zuerst einfach und später (in einigen Fällen) mit der Correlativität

1) Im embryonalen Zustande

$$x' \parallel x'' = f\,(\wp' \parallel \wp''),$$

wobei

$$d\,(x' - x'') = 0,$$

aber 0 mit einer Tendenz zum Wachsen, zum Mächtigerwerden, 0, welche in der Kindersprache eine bestimmte Grösse, Δ, annimmt:

$$d\,(x' - x'') = \Delta.$$

2) Aus diesem Zustande sind zwei Auswege möglich: entweder

$$\wp' \quad \wp'' \rightleftharpoons \wp' \gtrless \wp'',$$

d. h. es büssen anthropophonische Bedingungen das Vermögen ein, eine Alternation veranlassen zu können, und in solchem Falle erlischt die embryonale Alternation im Keime (im Embryo):

$$x' \quad x'' \rightleftharpoons x;$$

4) oder aber

$$x' \quad x'' = f(\wp' \quad \wp'')$$

wächst, wird mächtiger und befestigt sich, so dass

$$d\,(x' - x'') = \Delta$$

auf dem ganzen Gebiete der betreffenden Sprache, in der Sprache der ganzen Sprachgenossenschaft, bei allen die betreffende Sprache redenden Individuen Anwendung findet. Es ist der Zustand reiner Divergenz oder neophonetischer Alternation.

oder mit dem psychophonetischen Charakter verbunden ist. In einem von diesen letzten Zuständen, d. h. entweder in dem Zustande des einfach Traditionellen, oder in demjenigen der Correlativität, werden sie von der Sprache entlehnt, deren Alternationen wir in dem gegebenen Augenblicke betrachten, und diese Sprache verfährt mit ihnen auf die ihr eigene Weise. Endlich ist die Entstehung einer fremdeigensprachigen Alternation möglich, wo ein Glied aus der fremden Sprache entlehnt, ein anderes aber auf dem heimischen Boden gewachsen ist; aber auch auf solche Alternation findet dasjenige, was sogleich entwickelt werden wird, seine volle Anwendung.

4) Dieser Zustand

$$x' \parallel x'' = f \, (\varphi' \parallel \varphi'')$$

verändert sich nach und nach in

$$x' \parallel x'' = f \, (\varphi' \parallel \varphi'') + f(\pi),$$

wo

$$\pi = 0 \cdots \Pi,$$

d. h. wo die Kraft der Tradition zwischen Null, 0, und einer gewissen bestimmten Spannung, Π, schwankt; den *limes* der Schwächung der Tradition bildet hier 0.

Wir haben hier augenscheinlich mit einem schwankenden Zustande zu thun, wo für gewisse Individuen die betreffende Alternation rein neophonetisch oder anthropophonisch ist,

$$x' \parallel x'' = f \, (\varphi' \parallel \varphi'),$$

bei anderen Individuen erhält sie schon auch das Merkmal des Traditionellen,

$$x' \parallel x'' = f \, (\varphi' \parallel \varphi'') + f \, (\Pi),$$

bei den anderen endlich schwankt sie zwischen dem einen und dem anderen, indem sie bald

$$x' \parallel x'' = f \, (\varphi' \parallel \varphi''),$$

bald wieder $\quad x' \parallel x'' = f \, (\varphi' \parallel \varphi'') + f(\pi) \quad$ ist,

wo π einen variablen, bald wachsenden (zunehmenden), bald abnehmenden Wert hat.

5) Endlich setzt sich der Zustand

$$x' \parallel x'' = f(\varphi' \parallel \varphi'') + f(\pi),$$

wo $\quad \pi = \Pi,$

fest, d. h. es entsteht eine Divergenz oder neophonetische Alternation, welche zugleich auch von der Tradition und von dem sprachlich-socialen Verkehr im allgemeinen unterstützt wird.

6) Aber

$$f(\varphi' \parallel \varphi'')$$

fängt an schwächer zu werden und in den Zustand der Schwankung, der Oscillation zwischen F und 0 überzugehen, wo F

die höchste Stufe der Abhängigkeitssteigerung und 0 vollkommenen Schwund der Abhängigkeit bezeichnet:

$$f(\wp' \parallel \wp'') = F \cdots 0.$$

In solchen Umständen bewahrt bald die betreffende Alternation beide Charaktere, sowohl den anthropophonischen oder neophonetischen, als auch den traditionellen, bald wieder verliert sie den ersten von ihnen, indem sie sich mit dem letzteren, dem traditionellen, begnügt. Mit anderen Worten: die betreffende Alternation erscheint bald als anthropophonisch-traditionelle, als traditionelle Divergenz, bald als einfache traditionelle Alternation, indem sie zwischen den Zuständen

$$x' \parallel x'' = f(\wp \parallel \wp'') + f(\pi)$$
$$\text{und} \quad x' \parallel x'' = f(\pi)$$

schwankt.

7) Zuletzt wird endgiltig bei allen Individuen der betreffenden Sprachgenossenschaft

$$f(\wp' \parallel \wp'') = 0,$$

d. h. die anthropophonische Abhängigkeit der betreffenden Alternation reduciert sich zu Null (0), schwindet. Und dann

$$x' \parallel x'' = f(\pi).$$

Da aber der Factor der Tradition und des sprachlich-socialen Verkehrs im allgemeinen (hier mit π bezeichnet) ein einheitlicher und, als solcher, ein unteilbarer Begriff ist, so können wir nur durch Substituieren irgend eines Aequivalenten, welcher sich in die untereinander alternierenden Teile zerlegen lässt, erklären, dass die phonetische Alternation erhalten wird. Ein solcher zerlegbarer Aequivalent ist Association mit den Formen oder Worten, zu deren Bestande die alternierenden Phoneme gehören, so dass π gerade diese Association bezeichnen und

$$f(\pi)$$

sich in

$$f(\lambda' \parallel \lambda'')$$

verwandeln wird.

Und so erhalten wir

$$x' \parallel x'' = f(\lambda' \parallel \lambda'').$$

Da aber gewöhnlich

$$\lambda = \mu + \nu,$$

so zerlegt sich folglich

$$\lambda' \parallel \lambda''$$

in

$$\mu' + \nu' \parallel \mu'' + \nu'',$$

und

$$x' \parallel x'' = f(\lambda' \parallel \lambda'')$$

verwandelt sich in

$$x' \parallel x'' = f(\mu' + \nu' \parallel \mu'' + \nu'').$$

8) Von diesem Alternationszustande führen drei Wege in drei verschiedenen Richtungen:

Entweder verleihen in den vereinzelten Formen, bei den nicht-typischen Alternationen die zugefügten Morpheme ν', ν'' den Ganzen

$$\mu' + \nu', \qquad \mu'' + \nu''$$

ein ganz besonderes Gepräge, so dass diese Ganzen anfangen, als vollkommen verschiedene Worte gefühlt zu werden, und

$$x' \parallel x'' = f(\mu' + \nu' \parallel \mu'' + \nu'')$$

sich ganz einfach in

$$x' > < x'' \ldots \mu' + \nu' > < \mu'' + \nu'',$$
$$\mu'(x') + \nu' > < \mu''(x'') + \nu''$$

verwandelt, was augenscheinlich zur Bereicherung des Wortschatzes der betreffenden Sprache führt

[z. B. poln. k a s - a ć (beissen) > < c z ę ś - ć (Teil), c e - n - a (Preis) > < c z y - t - a ć (lesen), w - s t y d (Scham) > < s t u d z - i ć (kalt machen), nhd. b - a n g - e > < e n g .....].

9) Oder wieder gewinnt die den beiden die alternierenden Phoneme enthaltenden Varietäten eigene Bedeutungs-Einheit-

lichkeit, ψ, die Oberhand über die Alternation von Vorstellungen besonderer phonetischer Gestalten

$$\lambda' \parallel \lambda''$$

oder
$$\mu' + \nu' \parallel \mu'' + \nu'',$$

und dieser Sieg der psychischen Einheitlichkeit ψ über die Spaltung

$$\lambda' \parallel \lambda''$$

muss eine Tendenz nach Beseitigung alternationeller Unterschiede durch Assimilation hervorrufen. Mit anderen Worten: die Einheitlichkeit der den beiden Varietäten des Morphems μ, ebenso der Varietät μ', wie auch der Varietät μ'',

$$\mu' \parallel \mu'',$$

eigenen Bedeutung überwiegt die Verschiedenheit, welche dem Worte durch andere sich mit diesen Varietäten verbindenden Morpheme,

$$\nu' \parallel \nu'',$$

verliehen wird, so dass der Unterschied zwischen μ' und μ'', wie auch zwischen x' und x'' jedes *raison d'être*, jede psychische Berechtigung verliert, und

$$\mu' \parallel \mu'' \doteq \mu.$$

Da aber in μ' das x' und in μ'' das x'' enthalten ist, so selbstverständlich auch

$$x' \parallel x'' \doteq x$$

(genauer:

$$\mu' \parallel \mu'' \doteq \mu' \parallel \mu' = \mu',$$
$$x' \parallel x'' \doteq x' \parallel x' = x',$$

oder

$$\mu' \parallel \mu'' \doteq \mu'' \parallel \mu'' = \mu'',$$
$$x' \parallel x'' \doteq x'' \parallel x'' = x'',$$

was schliesslich auf eins herauskommt),

d. h. es erfolgt, auf dem Wege morphologisch-phonetischer Assimilation. eine phonetische Ausgleichung phonetisch differenzierter Morpheme überhaupt, und insbesondere eine Ausgleichung alternierender Phoneme, welche zum Bestande dieser Morpheme gehören.

[Poln. c z o ł - o | c z e l - e = c z o ł - o | c z o l - e (Stirn),

     s i a n - o | s i e n i - e · s i a n - o : s i a n i - e (Heu),

     b i o r - ę | b i e r z - e ⁻ b i o r - ę (nehme) | b i e r z - e (nimmt),

     g ł u c h - y | g ł e c h - n ą ć · g ł u c h - y (taub) | g ł u c h - -n ą ć (taub werden).

     d z w ę k | d ź w i ę c z - e ć · d ź w i ę k (Klang) d ź w i ę c z - e ć (klingen) . . . . . .]

10) Oder endlich associiert sich stätig der den Verbindungen

$$\mu' + \nu' \parallel \mu'' + \nu'',$$

d. h. $[\mu' + \nu'] \overset{\cdot}{\underset{\cdot}{y}}' \parallel [\mu'' + \nu''] \overset{\cdot}{\underset{\cdot}{y}}'',$

eigene psychische Unterschied

$$\overset{\cdot}{\underset{\cdot}{y}}' \parallel \overset{\cdot}{\underset{\cdot}{y}}''$$

mit dem Unterschiede

$$x' \parallel x'',$$

und infolge dessen erhalten wir die C o r r e l a t i o n

$$x' \parallel x'' = f([\mu' + \nu'] \overset{\cdot}{\underset{\cdot}{y}}' \parallel [\mu'' + \nu''] \overset{\cdot}{\underset{\cdot}{y}}''),$$

und dieses zerlegt sich in

$$x' \parallel x'' = f(\mu' + \nu' \parallel \mu'' + \nu'') + f(\overset{\cdot}{\underset{\cdot}{y}}' \parallel \overset{\cdot}{\underset{\cdot}{y}}''),$$

wo $x' \parallel x''$ ebenso $f(\mu' + \nu' \parallel \mu'' + \nu''),$

wie auch $f(\overset{\cdot}{\underset{\cdot}{y}}' \parallel \overset{\cdot}{\underset{\cdot}{y}}'')$ ist.

11) Da zur Entwickelung

$$x' \parallel x'' = f(\overset{\cdot}{\underset{\cdot}{y}}' \parallel \overset{\cdot}{\underset{\cdot}{y}}'')$$

jedes Individuum selbstständig, mit eigenen Kräften gelangen muss, da infolge dessen dieser Zusammenhang

$$x' \parallel x'' = f(\overset{\cdot}{\underset{\cdot}{y}}' \parallel \overset{\cdot}{\underset{\cdot}{y}}'')$$

sich in einem Zustande beständiger Schwankung befindet, so dass wir dem Ausdrucke

$$f(\overset{\cdot}{\underset{\cdot}{y}}' \parallel \overset{\cdot}{\underset{\cdot}{y}}'')$$

eine veränderliche Geltung mit den *limites* 0 (Null) und *F*,

$$f(\underset{!}{\psi'} \| \underset{!}{\psi''}) = 0 \cdot\cdot F$$

[wo F die höchste Steigerungsstufe dieser Abhängigkeit bezeichnet],

zuschreiben müssen, da ferner in den Anfängen des Hervorkommens dieser Abhängigkeit,

$$f(\underset{!}{\psi'} \| \underset{!}{\psi''}),$$

dieselbe noch schwächer, näher überhaupt der Null, als der Grösse F, ist. und in der Folge in einer Reihe von Generationen wächst (zunimmt) und schliesslich den Culminationspunkt, F, erreicht,

da aber die soeben erwähnte Schwankung nie aufhört,

und da in solchen Bedingungen jener causale Zusammenhang, nachdem er den Culminationspunkt erreicht hat, rückwärts umkehren und mit der Zeit nach und nach schwächer werden muss,

so verwandelt sich schliesslich

$$f(\underset{!}{\psi'} \| \underset{!}{\psi''}) \text{ in } 0,$$

und der Zusammenhang

$$x' \| x'' = f(\mu' + \nu' \| \mu'' + \nu'') + f(\underset{!}{\psi'} \| \underset{!}{\psi''})$$

kehrt zum früheren Zusammenhange einer einfachen traditionellen Alternation,

$$x' \| x'' = f(\underset{!}{\mu'} + \nu' \| \underset{!}{\mu''} + \nu''),$$

oder, allgemeiner ausgedrückt,

$$x' \| x'' = f(\pi).$$

12) Ein solcher Zusammenhang muss mit der Zeit einen von den oben gezeigten Wegen gehen, welche von den traditionellen Alternationen betreten werden, d. h. sich entweder in

$$\mu'(x') + \nu' > < \mu''(x'') + \nu'',$$

oder wieder in

$$x' \| x' = x',$$

respective $\qquad x'' \| x'' = x'',$

verwandeln.

Der dritte Weg, d. h. eine Rückkehr zu dem Zusammenhange

$$x' \parallel x'' = f(\underset{\smile}{\psi'} \parallel \underset{\smile}{\psi''}),$$

ist schon unmöglich.

Der erste Weg, d. h. der in der Formel

$$\psi'(x') + \mathsf{v}' > < \psi''(x'') + \mathsf{v}''$$

ausgedrückte Schwund des alternationellen Zusammenhanges, bildet einen Übergang zu dem Zustande einer überlebenden (rudimentären) Alternation, zu dem Zustande einer Ex-Alternation: Es sind zwar die phonetischen Unterschiede erhalten worden, aber der alternationelle Charakter dieser Unterschiede, ihr etymologischer Zusammenhang hat aufgehört zu existieren.

Der zweite Weg aber, d. h. die Beseitigung phonetischer Unterschiede mittelst Assimilation, die Beseitigung, deren Resultat sich in der Gestalt

$$x' \parallel x' = x',$$

respective $\qquad x'' \parallel x'' = x'',$

ausdrückt, gleicht einer endgiltigen Verwischung jeglicher Spur des alternationellen Charakters.

Ein ähnliches Schicksal steht mit der Zeit Alternationen jeder Art bevor, nur dass ihr Schwund in verschiedenen Stadien ihrer Entwickelung erfolgen kann. Wie Menschen und andere lebende Wesen in verschiedenem Alter zugrunde gehen können, vom embryonalen Zustande angefangen bis in's vorgerückte Greisenalter hinein, ebenso können alternationelle Beziehungen in verschiedenen Stadien ihrer Entwickelung schwinden. Aber es pflegt in verschiedenen Stadien eine verschiedene Art und Weise der Beseitigung vorzukommen; wenigstens kann man bemerken, dass in den ersten Anfängen die Mannigfaltigkeit der Beseitigungswege geringer ist, als später.

Ebenso embryonale Alternationen, wie auch Divergenzen, d. h. jedes traditionellen Charakters bare anthropophonische Alternationen, können nur auf eine einzige Art und Weise beseitigt werden:

$$x' \parallel x'' = f(\varphi' \parallel \varphi'')$$
$$\dot{=} x \parallel x = x.$$

Die traditionellen oder paläophonetischen Alternationen aber, — mögen dieselben aus den neophonetischen Alternationen oder Divergenzen, selbstverständlich durch das Vermittelungsglied der Divergenz im Zusammenhange mit dem Traditionellen, entstanden sein, oder hinter sich eine viel reichere Geschichte haben, d. h. das Durchmachen der Stadien der einfachen Divergenz, der mit dem Traditionellen verbundenen Divergenz, des einfach Traditionellen, des mit dem correlativischen oder psychophonetischen Charakter verbundenen Traditionellen und schliesslich des zurückgekehrten einfach Traditionellen, — solche Alternationen pflegen auf beide oben genannten Weisen beseitigt zu werden, ebenso mittelst

$$\mu'(x') + \nu' > < \mu''(x'') + \nu'',$$

wie auch mittelst

$$x' \parallel x'' \rightarrow x',$$
$$respective \quad x' \parallel x'' \dot{=} x'',$$

wobei die zweite Weise eine Mannigfaltigkeit bietet: entweder x'' schwindet und x' bleibt, oder umgekehrt schwindet x' und bleibt x''.

Wir sehen also, dass der Mephistopheles-Spruch

alles, was entsteht,
ist wert, dass es zugrunde geht

auch auf die Alternationen seine volle Anwendung findet. Wenn aber die einstmal entstandenen Alternationen ohne jeden Ersatz nur zugrunde giengen, würde die Sprache zuletzt derselben vollständig beraubt werden. Indessen bemerken wir in keiner Periode des Sprachlebens einen absoluten Mangel an Alternationen. Wie ist dieses zu erklären?

Die Erklärung schöpfen wir aus dem Gebiete unserer Beobachtung.

Während die früher entstandenen Alternationen, nachdem sie eine gewisse Reihe von Evolutionen durchgemacht haben, schliesslich zugrunde gehen, trocknen die Entstehungsquellen neuer Alternationen nie aus. Infolge dessen findet eine unaufhörliche Arbeit der Reconstruction alternationeller Beziehungen statt, als deren Resultat immer neue Alternationsschichten zum Vorschein kommen.

In jedem Sprachzustande erfolgen irgend welche anthropophonische Veränderungen, irgend welche Accomodationen der Phoneme an die anthropophonischen Bedingungen, und darauf gehen die Wirkungen dieser Accomodationen von Geschlecht zu Geschlecht auf dem Wege der Tradition, der Überlieferung über, bis endlich die Wirkungen der in den vorhergehenden Perioden vollzogenen Arbeiten durch neue Wandlungen beseitigt werden.

Berichtigungen.

Seite.	Zeile.	Anstatt:	Lies:
22	3 v. u.	Entweder sind alle Alternationen ohne Ausnahme	Alle Alternationen ohne Ausnahme sind entweder
66	3 v. o.	bei dén rein	bei don rein
„	4 v. u.	vom anderen	von einem anderen
69	11 v. o.	Correlationen für diese	Alternationen für diese
79	6 v. u.	es kann folgende	kann es folgende
108	13—14 v. o.	Diver-g nz	Diver-genz
„	15	„ „ u ä	u. ä.
109	3 v. o.	in der letzten	in der letzteren

INHALTSÜBERSICHT.